京都なぞとき散歩

柏井 壽

SB新書
661

はじめに

コロナ禍によって一旦はおさまったオーバーツーリズムですが、疫病が落ち着きはじめると、以前にも増して高い波が京都に押し寄せるようになりました。

内外から多くの観光客が京都を訪れ、街のそこかしこにひとが溢れかえっています。混雑するのは分かっているはずなのに、たくさんのひとが京都を目指します。

なぜこれほど多くのひとが京都を訪れるのでしょうか。

それこそが京都最大のなぞかもしれません。

京都は何度来ても新たな発見がある。京都リピーターの方はみなさんそう口を揃えます。――京都には不思議に思うことがいくつもあって、行くとそのなぞは解けるんだけど、行くたびにまた新たななぞが生まれるんです。無限連鎖ですね――

そう言って苦笑いする方がおられました。

オーバーツーリズムとまで言われるほど、多くの方が京都を訪れるわけ。それは京都がなぞに満ちた街だから、そう思うに至ったことが、本書を著す切っ掛けでした。

京都の長い歴史のなかでなぞに包まれてきたこと。近年になって生まれて来たなぞ。それらのなぞ解きを試みることで、京都という街の魅力に迫れるのではないだろうかと思ったのです。

もちろんなぞ解きとは言っても、必ずしもすべてのなぞが解けるわけではありません。なぞを解いてみようと試みたけど、結局なぞはなぞのまま終わってしまったという項目も少なくありません。それはそうでしょう。京都の長い歴史のなかでなぞとされてきたことが、そう簡単になぞ解きできるわけないのです。

本書の意図は、完全になぞを解明しようというものではなく、なぞに気付いてもらうこと、言い換えれば、「なぜ?」と疑問を持ってもらうことにあるのです。

第一章の冒頭で書いた〈東寺と西寺〉の話などがその典型です。

多くの観光客の方が世界文化遺産にも登録されている『東寺』を当たり前のように参拝されますが、「なぜ東寺があるのに西寺がないのだろう」と思われることは少ないのです。しかしながら、そこには然るべき理由があり、その理由を調べることで京都という街の成り立ちが分かってくるのです。

あるいは地名。地名や町名にお寺の名前が付いているのに、そんなお寺はどこにも見当たらない。京都ではよくあることなのですが、その消えてしまったお寺はどんなお寺だったのか、なぜ消えてしまったのか。そのなぞを解いていくと意外な事実に行き当たることもあります。

京都と言えば食。京都を訪れる方の多くのお目当てである、おいしい食もなぞに満ちています。

――京都に行ったら京料理を食べて、おばんざいを食べて――

そう思われる方は少なくありませんが、そもそも京料理やおばんざいとは、どんな料理を言うのか。多くのなぞが秘められています。

あたまに〈京〉が付く名物もそうですね。京豆腐はふつうの豆腐とはどう違うのか。分かったようで分かりませんね。京野菜や京漬物もしかりです。当たり前のようにしてそれらを食べていますが、何をもってして京野菜というのか、京漬物と呼ぶのか、これらも京の食のなぞのひとつです。

京都の街かどを歩いていても、いろんななぞにぶつかります。道ばたに大きな石が置いてあって、通行の邪魔にならないのだろうかと、不思議に思うこともありますし、小屋根の上に怖い顔をした瓦の像が飾ってあったりして、いったいどういう意味合いなのだろう。魔除けの一種だろうか、とか思われる観光客の方も多いようです。

街かど、お寺や神社、通りの名前や食に至るまで、いろんななぞ解きをしながら街歩きをして、ひと息つくのに格好のお店やスポットも併せてご紹介しておきます。

これまでのSB新書でご紹介したところを詳しく書いている項目もありますし、新たにご紹介しているところも少なくありません。これまでの三冊と照らし合わせながらお読みいただくと、お店ガイドとしてはかなり充実したものになると自負しています。

何ケ月どころか、何年も先まで予約で埋まっているというようなお店はいっさい登場しませんし、いつも長い行列ができているようなお店もご紹介していません。

なかには少しばかり気合を入れていきたいお店もありますが、基本的には気軽にふらりと入れる店がほとんどです。

混雑のすき間を縫って、本書を片手に京都のなぞを解きながら、素敵な旅をされるよう願っています。

CONTENTS

第二章 地名のなぞを解く

第三章 街かどと習わしのなぞを解く

第四章 食のなぞを解く

第一章

お寺と神社のなぞを解く

1　なぜ東寺はあるのに西寺はないのか

京都駅の近くに建つ五重塔で有名な『東寺』は、世界文化遺産にも登録されていますが、正式な名称は『教王護国寺』です。

その名の通り、西暦七九六年、平安京造営に際し、国を護ることを目的として建てられたお寺ですが、平安京の玄関口とも言える羅城門の東に建てられたことから『東寺』と呼ばれるようになりました。

今ではたくさんのお寺がある京都ですが、平安京が定められたころ、公に認められていたお寺、つまり官営寺院はこの『東寺』ともうひとつ『西寺』のふたつだけだったと言われています。

中国の長安をモデルとして造営された平安京は、一本の広い真っすぐな通りを中心にして、左右シンメトリーに造られました。

羅城門を玄関口とするメインストリートの朱雀大路《すざく》の東側を左京、西側を右京と呼んだのですが、左京を鎮護するのが『東寺』、右京を鎮護するのが『西寺』の役目だったのです。

その『東寺』は今も立派な姿をとどめているのに、『西寺』は姿も形もないどころか、その名称すら残っていません。

なぜ『西寺』は消えてしまったのでしょうか。そのなぞを探ってみましょう。

『東寺』の〈南大門〉を出て、九条通を真っすぐ西に向かってしばらく歩くと、〈九条御土居《くじょうおどい》〉という標識が掛かる交差点が見えてきます。

その交差点の北側に小さな祠《ほこら》があり、ここに祀《まつ》られているのが〈矢取地蔵尊《やとりじぞうそん》〉というお地蔵さまですが、この小さなお地蔵さまに『西寺』が消えたなぞを解くヒントが隠されているのです。

ふたつのお寺のうち『東寺』は弘法大師空海に、『西寺』は守敏僧都《しゅびんそうず》という僧にそれぞれ与えられ、隆盛を誇っていました。

この守敏と空海は、おなじ真言密教に通じていて、強力なライバル関係にあったといい、天皇を味方に付けようとして、さまざまな場面で競い合っていたのです。

空海が唐に行っているあいだ、鬼の居ぬ間にとでも思ったのでしょう、守敏はさまざまな法力を見せつけて、天皇の信頼を勝ち得ました。

やがて帰国した空海と、後ろ盾を得て強大な力を付けた守敏。ふたりの僧が対決するのは雨乞いの儀式となりました。

干ばつに苦しむ都を救うために、雨乞いをせよとの命が天皇からくだると、空海に目に物見せてやると意気込んだ守敏が、先に雨乞いをします。

長い雨乞いの結果、ようやく都に雨が降って守敏は勝ち誇りますが、雨は都の中心に少し降っただけで、都の三方の山には降らず、加茂川の水かさも増えませんでした。

次は空海の出番です。都人が固唾を呑んで見守りましたが、一週間経っても一滴の雨すら降りません。やはり空海の負けか。空海びいきの多くは落胆しましたが、納得がいかない空海が調べたところ、ひきょうにも守敏が龍神を隠していたことが分かりました。

唯一守敏の手から逃れていた龍神を見つけた空海が天竺に向かって一心に祈ると、たちまちのうちに激しい雨が降り川の水かさも増し、都は干ばつから救われ、空海の勝利になりました。

おもしろくないのは守敏です。ズルをしたことは棚に上げ、自分の力を誇示できなかったのは空海のせいだと思いこんでしまいました。

恨みを晴らそうとした守敏は、あるとき羅城門で待ち伏せし、空海に矢を放ちましたが、どこから現れたのか、黒衣の僧が身代わりとなって矢を受け、空海の生命を救いました。

これが街の噂となり、守敏の権威は失墜し、やがて『西寺』は衰退の一途を辿《たど》り、ついには廃寺となったという話が残されています。

そして空海を救った黒衣の僧は、実は地蔵さまだったという話になり、その地蔵さまを祀っているのが、この〈矢取地蔵〉なのです。

広い通りに面して地蔵堂が建ち、その奥の小さな公園に〈羅城門跡〉の石碑が建っています。薄暗い地蔵堂のなかをのぞくと、〈羅城門〉遺跡の復元模型が飾られていて、目を凝らすと、金箔貼りで屋根は銅板葺き。立派な建物だったことがうかがえます。

この〈羅城門〉を中心として、東に『東寺』、西に『西寺』が置かれ、都を護ろうとしたのですがふたりの僧の来し方によって、明暗が分かれてしまったようです。

こうして『東寺』だけが残り、『西寺』が消えてしまったというのは、少々でき過ぎた話のようにも思えますね。

もうひとつの説としては、その地形によるものだという話があります。『西寺』があった辺りは水はけが悪く、環境がよくないのでひとが住みつかず、結果として朝廷の援助も得られなくなったという説です。信憑性から言えばこの説に軍配が上がりそうですが、話としては空海対守敏説のほうがおもしろいですね。

ル・ブラン

『東寺』の五重塔がランドマークとなっている九条大宮の交差点を南に下った東側に建つレストラン『ル・ブラン』は、目立つ場所にありながら存外知られておらず、観光客の姿はあまり見かけません。

地元の常連客で賑わってはいますが、さほど混み合うこともなく、ゆったりとランチを愉しめる穴場店です。

名物グリヴィ

北行一方通行の大宮通は二車線の道路で、両側に民家や商店が建ち並ぶ、取り立てて特徴のない通りです。むかしながらの洋品店の隣にひっそりと佇む『ル・ブラン』は、ハンバーグステーキやオムライスなどの洋食のおいしい店として知られていますが、ボルシチやコキールなどクラシックなメニューもあって、わざわざ足を運ぶ価値ありのレストランです。

一番のお奨めはこのお店の名物〈グリヴィ〉です。

壺に入ったキノコのクリーム煮をパン生地で蓋をし、オーブンで焼き上げた料理は、どこか懐かしい味わいで、なかなか他では味わえない滋味深さを感じさせます。

フランス国旗が目印のお店にはテーブル席のほかにカウンター席もあるので、おひとりランチにも最適です。

ミスター・ギョーザ

意外な取り合わせながら、京都の街には餃子のおいしいお店があちこちにあります。

全国チェーンで広く知られる『餃子の王将』をはじめ、街中華の代表でもありながら、行列の絶えない人気店『マルシン飯店』など、今や餃子は京都名物のひとつに数えられるほどです。

そんな数ある京都の餃子のなかで、古くから京都人のあいだで人気が高い『ミスター・ギョーザ』は『矢取地蔵尊』のすぐ近くにあります。

『おひとりからのひみつの京都』でもご紹介しましたが、西寺の面影を辿る散歩コースでは欠かせないお店です。

お店の名が示すとおり、一番のお奨めは餃子ですが、隠れた名物とも言える醤油ラーメンもぜひ一度食べてみてください。

京都はラーメンのおいしい街としても知られていて、洛北のほうに一乗寺ラーメン街道と呼ばれる道筋があるほどで、それぞれが個性を競い合っています。

京都ラーメンとひとくくりにできないのは、スープのバリエーションが豊富なせいで、背油系、魚介系、ダブルスープなどラーメン通の期待に応える味でそれぞれにファンが付いています。

看板メニューのギョーザ

そんななかで、むかしながらのオーソドックスなラーメンとなると、なかなか見つからないのですが、この店の醤油ラーメンは、子どものころに屋台で食べたような、まさにむかしふうの中華そばです。餃子はテークアウトにしてお店では醤油ラーメン。ぜひお試しください。

2　若一神社のなぞを解く

ＪR京都駅から京都線の大阪方面行き普通電車に乗ってひと駅。西大路駅に降り立って、ガード下をくぐり、西大路通を北へ進むと、やがて右手に道路からはみ出すように植えられた街路樹が見えてきます。

そこを真っすぐ進み八条通を越えるとまた大きな楠が数本植わっています。その木を避けるように道路は緩やかなカーブを描き、つまりこの並木の分だけ道幅が広くなっているのです。

これとよく似た光景は『東本願寺』の東側、烏丸《からすま》通でも見ることができます。そちらはかつて市内を走っていた京都市電の停留所を設ける際、参拝客の混雑を避けるために、道路を迂回させたことから、街路樹をはさんで道路が二股に分かれるという、不思議な道筋を作っています。

おなじような眺めではありますが、ここにはどうやら別の理由がありそうです。

京都広しといえども、奇っ怪ともいえるような不思議な光景は、きっとここだけだろうと思います。

西大路通といえば、京都でも有数の主要な道路。碁盤の目と称される大路小路は、直線で構成されるのが当然のはずですが、たとえ短い距離とはいえ、道を曲げるにはよほどの理由があるのでしょう。

その理由が隠されているのが、西大路八条角に建つ『若一《にゃくいち》神社』。平清盛が建立したとされる社です。

かつてこの界隈には〈西八条第《にしはちじょうてい》〉と称する、清盛の別邸があったそうです。神社の駒札（名所説明立札）の横には〈平清盛公西八条殿跡〉という石碑が建っています。

当時の武士というのは朝廷を守る役割を果たしていたようで、直接政治に関わるようなことはなかったといいます。ですがなぜか清盛は太政大臣に抜擢され、当時の常識を覆す大出世を果たしたのです。

喜びいさんだ清盛は朝廷への感謝の意も込め、神木とされる楠の木を手植えし『若一神社』を創建しました。

主祭神として若一王子を祀っていることから社の名が付いたのですが、その若一王子は熊野権現のひとつで、古く唐の国から来た威光上人が世を救済するため、若一王子の御分霊である御神体を笈《おい》に背負って旅立ち、宝亀三年に当地に到来し、森にあった古堂に御神体を安置したのが社の始まりと言われています。

時は下って、昭和の中ごろ。区画整理に伴い、この楠を伐採する計画が持ち上がり、地元の反対を押し切って強行しようとしたところ、関係者に災いが相次ぎ、やむなく断念するに至ったということです。

若一神社の楠

木には神が宿るといわれる上に、清盛の思いが込められているのだから、当然といえば当然のことなのでしょう。

参拝してみましょう。

歩道をはさんで、西大路通にはみ出す形で植わる楠の大木。その周りには注連縄《しめなわ》が張られ、神石も配されています。神々しさよりも不気味さを先に感じてしまうのは、街なかに唐突に現れる深い緑のせいかもしれませんね。

〈若一王子〉と書かれた額束《がくづか》を掲げる石の鳥居をくぐって境内に入ります。とはいっても至極狭いものなのですが。

まず目に入ってくるのが、平清盛の石像です。束帯姿の清盛像はめずらしいと言われています。小さいながらも摂社、本殿と続き、その右手奥には〈平清盛公ゆかりの御神水〉と記された石柱が建ち、短いホースが伸びています。蛇口をひねると神水が出てくるという仕組みです。

駒札によれば、かつてこの辺りは〈浅水の森〉と呼ばれていたそうで、良質な湧き水が出る場所と言われています。

この水は熱病に罹った清盛の熱を冷ましたと言い、平家物語にも登場する、由緒正しき御神水なのです。京の名水のひとつに数えられ、近隣から水を汲みにくるひとの列が絶えないようです。

かつて清盛が熊野に詣でた際、――土の中に隠れている御神体を探せ――とのお告げがあったそうです。京都の邸宅に戻り、清盛が探したところ、築山が闇夜に光っているのを見つけ、急いで三尺ほど掘ると、〈若一王子〉、すなわち熊野権現の第一王子の御神体を発見し、邸宅の敷地内に社を設け、これを祀ったのが『若一神社』の始まりだそうです。

そしてその翌年、清盛は見事に出世を果たし、平家の隆盛が始まることから、開運出世のご利益は絶大と言われるに至ったのです。今ではあまり使われない言葉ですが、立身出世を望まれるなら是非ご参詣なさってください。

湯浅　金月堂

お寺や神社には門前茶屋とも呼ぶべき茶店やお菓子屋さんがあって、参詣の行き帰りに立ち寄っていっぷくしたり、土産菓子を買い求めるのも、お参りの愉しみのひとつとされてきました。

『下鴨神社』近くの『加茂みたらし茶屋』や、『今宮神社』の参道の両側に店を構える二軒のあぶり餅屋さんなど、今もそういうお店は少なくありませんが、観光客の少ない寺社にはそれらしき店があまり見当たりません。

『若一神社』も広く知られた門前茶屋はありませんが、平清盛ゆかりのお餅を商っているお店があって、ぜひいちど味わってみてほしいと思っています。

清盛餅

『若一神社』からは少し離れていますが最寄り駅であるJR梅小路京都西駅からは、歩いて五分とかからない場所にあるのが『湯浅《ゆあさ》　金月堂《きんげつどう》』という和菓子屋さんです。

七条七本松の交差点を西に行ってひと筋目を南に入って

数軒目の東側に看板が見えます。

ここには平清盛ゆかりの和菓子〈清盛餅〉というよもぎ餅があるのですが、惜しいことにあまり知られていません。

こしあんと粒あん、どちらを選ぶかは好みですね。ぼくはこしあん派ですが、たまに粒あんを食べると甲乙つけがたいと思ってしまいます。

桜餅や柏餅、水無月など季節の和菓子がショーケースに並ぶ、典型的な京都のお菓子屋さんですが、赤飯も隠れた人気です。和菓子と赤飯、京都では密接なつながりがあるのです。

村上食堂

『湯浅　金月堂』の近く、七条七本松の交差点を北へ上ってひと筋目を越えた西側に建つ『村上食堂』は古くからある、典型的な京都らしい食堂です。

この辺りには京都市中央卸売市場があって、早朝から多くの飲食業者がやってくることから、朝から営業している食堂が何軒もあります。食のプロが通う店ですから、おいしくて安いのは当たり前。観光地の食堂とはひと味違います。

ショーケースのなかにおかずがたくさん並んでいて、セルフで取ってご飯と味噌汁やうどんなどの麺類を注文して精算します。むかしはこういう食堂が京都市内のあちこちにありました。

今では食堂とは名ばかりで、実態は予約の取れない人気割烹という店もありますから、時代の流れを感じないわけにはいきません。

こちらは正真正銘、折り紙付きの食堂。朝五時から午後八時までの営業で、日曜と卸売市場がお休みの日も休業です。JR京都駅からもそう遠くありませんので、早朝京都着の長距離バスで来られた方にもお奨めしています。

十時までなら朝定食がお奨め。お刺身や焼魚で朝からビール、という手もあります。麺類や丼物も定食も安くておいしいので、観光前の腹ごしらえには最適です。

3　なぜ本願寺はふたつあるのか

『東寺』と『西寺』では、いっぽうの『西寺』が消えてしまったことがなぞでしたが、それとは逆に、ふたつの本願寺があるのも大きななぞですね。

京都には、東西ふたつの「本願寺」があり、どちらも京都駅から近く、参拝しやすい場所に建っています。

なぜ東と西に分かれたかと言えば、そこには戦国武将たちの権力争いが深く関わっていて、寺方はただ翻弄されたに過ぎなかったというのが通説です。

そもそも「本願寺」は親鸞上人《しんらんしょうにん》の入滅に端を発し、東山の大谷にその廟堂《びょうどう》が建てられたことから始まります。その後、焼失、再建、移転を何度も繰り返し、やがて山科から大坂へと移転したことが、東西分立の火種となりました。

天下統一を目論む織田信長は、広大な大坂の「本願寺」に目を付け、明け渡すように要求しますが、これを拒む寺方との交戦は十年もの長きにわたり、のちに〈石山合戦〉と呼ばれるに至りました。

十年の後、ようやく和睦し、明け渡されたものの、寺方の籠城派と和睦派のあいだの火種は燻《くすぶ》り続け、「本願寺」が京都へ移転するにあたり、前者が『東本願寺』を、遅れて後者が『西本願寺』を建立することとなったわけです。

簡単に言えば、秀吉の意向を受け、先に建立されたのが『西本願寺』で、後になって徳川家康の後押しで建立されたのが『東本願寺』という図式です。

簡単ですが、そんな歴史を踏まえた上で、今あるふたつの本願寺を比べてみましょう。

宗教にはうといので、仏教学的にどちらがどう、とかいうことはまったく分かりません。したがって、見たまま、感じたままでの比較になることを最初にお断りしておきます。いずれかの宗派の方々がお読みになって、宗教的観点から異を唱えられても関知できませんのでご了承ください。

まず、ひとつたしかな事実があります。それは『西本願寺』は世界文化遺産に登録されていますが、『東本願寺』はそうではないこと。もちろん世界遺産でなくても見どころのある寺社はいくらでもあるのですが、ひとつの目安にはなるでしょう。

というわけで、ふたつの「本願寺」を両方参拝する時間がなく、どちらかひとつを選ぶとすれば『西本願寺』に軍配を上げます。

JR京都駅の西北方向。中央口から十五分ほども歩けば、広々とした境内に足を踏み入れることができます。
〈御影堂門〉から入って、正面に見えるのが〈御影堂《ごえいどう》〉。平成の大修復を終えて、その堂々たる姿を見せています。まずは手水舎《ちょうずや》で手や口を清め、京都市の天然記念物に指定されている〈逆さイチョウ〉を眺めてから〈御影堂〉へ。

　外から見ても、堂内に入っても、その巨大な木造建築に圧倒されます。南北六十二メートル、東西四十八メートル、高さ二十九メートルにも及ぶ、日本最大級の木造は、奈良「東大寺」の大仏殿に次ぐ規模を誇っているそうです。

　広い堂内を観るだけでも時間があっという間に過ぎるのですが、廊下でつながる〈阿弥陀堂〉へと向かいましょう。

　ふたつの広いお堂を結ぶように囲む廊下。実はここにも小さな見どころがあるのですが、よく足元を見ないと気付きません。

ゾウの埋め木

廊下を修繕する際にはめ込まれた埋め木に注目してみましょう。足元をよく見ると、富士山、瓢簞《ひょうたん》、梅の花、茄子などなど、大工の遊び心が生み出した細工が廊下のあちこちに点在していて、これを探すのはなんとも愉しいものです。とかくお寺のお堂と言うと、かた苦しく思われがちですが、こうしたゆとりも随所に施されているのです。

西本願寺唐門

足元をよく見てみたいのは、〈御影堂〉前にある〈天水受け〉もおなじ。四隅の土台を天邪鬼《あまのじゃく》が必死で支えているのです。そのユーモラスな表情は、それぞれ異なり、ふたつの〈天水受け〉に八体の天邪鬼が居ます。

今の時代では、他人の思惑や行動に逆らうひねくれ者を天邪鬼と呼びますが、本来の仏教では人間の煩悩を表す象徴です。そこから転じて小さな鬼や妖怪の姿をした天邪鬼は、あちこちに隠れ棲んでいるとされています。

『西本願寺』で絶対に見逃せないのは、寺の南西側にある〈唐門《からもん》〉です。境内のなかからでも、外の北小路通からでもつぶさに見られます。

唐破風《からはふ》の門は、伏見城から移築されたもので、別名を〈日暮らし門〉と言います。日がな一日見ていても見飽きることがなく、すぐに日が暮れてしまうという意味です。

門の内外に施された彩色、装飾は実に見事なもので、故事来歴に基づく物語の一場面だったりして、見飽きることがありません。

こうして『西本願寺』を参拝してから『東本願寺』をお参りすれば、似ているところや相違点が浮き彫りになるので、余裕があればぜひ足を運んでおきましょう。

ケーキのクロバー

ここ数年の京都でもっともお店の数が増えたのはスイーツショップではないでしょうか。雑誌などの京都特集では、かなりのページ数をスイーツショップに割いていますし、ニューオープンのお店も覚えきれないほどです。どちらかと言えば左党なので、得意なジャンルではありませんが、新しくできたお店のスイーツはいろんな意味でツーマッチに見えてしまいます。

そんななか、むかしながらのシンプルなケーキに魅かれるのが『ケーキのクロバー』。『渉成園』のすぐ北側にあるお店です。

以前は別の場所にあって、工場のようなお店で目立たなかったのですが、現在地に新築移転されて観光客でも入りやすくなりました。

京都有数のウエディングケーキの名店として知るひとぞ知る店ですから、そのクオリティーの高さには定評があります。

ガトー・フレーズ

派手な見た目を売り物にせず、地味な佇まいながら上質なケーキを適価で商うという、至極真っ当なケーキ屋さんは京都商売のお手本でもあります。

シュークリームをはじめ、ガトー・フレーズやオペラなどクラシックなケーキをぜひ味わってみてください。これぞ京のホンモノです。

4　なぜ五重塔は「五重」なのか

京都をイラストで表現するときに欠かせないのが、舞妓さんと大文字と五重塔です。これらが描かれていると京都のことだなと分かるのです。

なかでも五重塔は日本中あちこちに建てられているのに、京都のシンボルとされているのは『東寺』の五重塔があまりにも有名だからでしょう。京都を舞台にしたテレビドラマのタイトルや、雑誌の京都特集の表紙にもよく使われていますね。本章の冒頭にも書きましたが、『東寺』は平安京が造営された際に建立された由緒正しきお寺です。

そもそも五重塔というものは、仏教的な宇宙観を表す仏塔だそうで、すなわち、五重の屋根がそれぞれ、空、風、火、水、地と上から順に五つの世界を示すものとされています。

なるほど。言われてみればそんなふうに見えなくもありません。ありがたみを感じるのですね。遠くからもその姿が見えるからでしょうか、目印にもなります。高く屹立《きつりつ》する塔は、その地のランドマークとしての意味合いも持ち、あるいは、時の権力者が、富や権勢を誇るために建てたものだったかもしれません。どこか山岳信仰にも相通じるものがあるような気もします。

高層建築が建ち並ぶ東京だと、たかだか数十メートルの高さの五重塔はビルに隠されてしまいますが、京都では新幹線の車窓からもその姿を見ることができます。

誰もが一度はその姿を目にしたことがあると思いますが、実際に『東寺』の境内に入って五重塔を見上げてみると、その迫力に圧倒されます。JR京都駅からも歩いて行けるので、是非間近に見ておきましょう。〈南大門〉からでもいいのですが、五重塔だけを見るなら〈東門〉から入ると便利です。入ってすぐ左手に見えてきますが、夏には蓮が花を開く池越しに眺めるのがベストポジションです。

プロポーションも見事で、約五十五メートル弱という高さは天空に屹立していて、京都を代表するにふさわしい姿だと納得されることでしょう。

この五重塔は弘法大師によって創建されたので、さぞや古い建築かと思いきや、四度も焼失したせいで、現在の五代目の塔が建てられたのは一六四四年。まだ四百年も経っていないのです。

京都には、この『東寺』のほかにも、『醍醐寺』や『仁和寺』、『法観寺』と三つの寺に五重塔があって、ぜんぶで四つもあることは存外知られていません。なかでも『醍醐寺』

の五重塔は九五一年に建てられたといいますから、千年以上の歴史を誇っています。

それにもかかわらず、京都の五重塔と言えば『東寺』とされているのは、日本一の高さを誇る木造建築物だからでしょう。

『醍醐寺』の五重塔は三十八メートル、『仁和寺』のそれは三十六メートル、『法観寺』は四十六メートルと、いずれも高さでは『東寺』に及びません。古さよりも高さでシンボリックな存在になったのです。

ところで、なぜ五層なのでしょう。四重塔でも六重塔でもよさそうなものなのに、三重塔はあっても四も六もありません。これは陰陽五行の思想に基づいているからだと言われています。

古代中国から伝わったこの思想は古くから今に至るまで、日本に深く浸透していて、偶数は縁起が悪く、奇数は縁起がいいとされています。

一月七日、三月三日、五月五日、七月七日、九月九日がそれぞれ節句とされていてお祝いしますね。それとおなじなのです。

五重塔は仏塔として建立されたもので、すなわちお釈迦さまの遺骨である仏舎利を祀るために建てられたものです。これが古代インドから中国へ、さらに朝鮮半島を経て日本へと伝わってきて、日本独特とも言える木造の多層塔が建立されるようになったのです。

仏塔という性格上、通常はなかに入り込んで上層に上ることはできませんが、外から眺めることはできます。京都市内に現存する四つの五重塔を見て回り、それらを比べてみるのも、愉しいものです。

まずは『醍醐寺』から。千年以上の歴史を誇りながらも、洛中から離れていたせいで、一度も焼失することなくその威容を誇っています。世界文化遺産にも登録された『醍醐寺』はまた桜の名所でもあり、豊臣秀吉が開いた醍醐の花見でも知られています。

遅咲きの桜名所として名高い『仁和寺』にも五重塔が建っていて、高さは三十六メートルと低いながらも、同年代に建立されたせいか、『東寺』の塔とよく似たプロポーションで、桜ともども、低いがゆえに愛らしい姿です。

街なかにありながら意外と目立たないのが八坂『法観寺』の五重塔。聖徳太子が夢のお告げによって創建した五重塔をその起源とし、現在の塔は一四四〇年の建立というから、永享の乱のころ。京都で二番目に古い五重塔です。

高さは四十六メートルあり、これも高さでは京都で二番目。寺は小ぢんまりとしていて、五重塔だけが目立ち、街なかにぽつんと建っている印象を受け、〈八坂の塔〉の愛称

東寺　五重塔

醍醐寺　国宝五重塔

仁和寺　五重塔

法観寺　五重塔

で都人から広く親しまれています。

東寺餅

門前菓子というものは、たいてい長い歴史を持っているのですが、比較的浅い歴史ながら、まるで遠いむかしからずっと門前菓子だったような錯覚に陥るほど、ぴったりマッチしているお菓子があります。

『東寺』の五重塔から北へ、慶賀門の少し北に店を構える『御菓子司東寺餅』の東寺餅がそれです。

大正元年創業で百年を超える歴史を誇る和菓子屋さんですが、創業当時は東寺餅というお菓子はなかったそうです。

兵庫県から京都に出て来た初代が菓子屋を開き、戦後になって二代目が屋号を『東寺餅』に変えたときにも、まだ東寺餅という菓子はありませんでした。

屋号にあるのに、東寺餅という商品がない。ならば作るしかない、と当代の三代目が考案し、今では誰もが知る名物菓子になったというのもおもしろい話ですね。

こしあんを求肥《ぎゅうひ》で包んだ素朴な和菓子はあっさりとした味わいで、いくつでも食べられそうです。五重塔を見上げた帰り道に買い求めるのに最適な和菓子ですが、このお店にはもうひとつ隠れた名物があることは存外知られていません。

毎月二十一日、弘法さんの日だけ、大福餅やよもぎ大福を店頭で焼いているので、焼き大福の焼き立て熱々を食べられるのです。うっすらと焦げ目が付いた皮はパリッと芳ばしく、甘みの強い粒あんとの相性は抜群です。弘法さんの日に『東寺』を訪れたら、忘れずにこのお店を訪ねてください。

笑福亭と笹屋昌園

『仁和寺』の五重塔の後先にちょうどいいのが『笑福亭』といううどん屋さん。嵐電の北野線龍安寺駅のすぐ近くにあります。

『仁和寺』から歩いて十分ほどの距離ですが、分かりにくいルートなので御室仁和寺駅から嵐電でふた駅戻るほうがいいかもしれません。

龍安寺駅の西側の通りを北へ歩くとすぐ右手に〈手打ちうどん〉の看板が見えてきます。ここが『笑福亭』。手打ちといっても、そこは京都のうどんですから過度なコシはありません。出汁つゆがよく染みる京都ならではのうどんです。

歴史を感じさせる小さなお店のお奨めは天ぷらうどん。海老天が二尾と野菜天ぷらは別皿に盛られていて、カリッとしたコロモが愉しめます。

『笑福亭』の手前、駅の踏切のすぐ傍にある『笹屋昌園』は長い歴史を持つ和菓子屋さんですから、ここにもぜひ立ち寄ってみてください。

二軒隣には作りたてのわらび餅が愉しめる『笹屋昌園』直営のカフェもありますし、角のお店には京土産にふさわしい和菓子もたくさん店頭に並んでいます。

百年近い歴史を持つ銘菓〈庭の石〉は『龍安寺』の石庭をイメージしていて、素朴な味わいながらしみじみと心に沁みるお菓子です。

銘菓庭の石

5　清水寺のなぞ

世界遺産にも登録されている『清水寺』は京都観光の人気スポットとして、真っ先にその名があがる名所中の名所ですが、そこに秘められたなぞも少なくありません。〈清水寺の七不思議〉と呼ばれていますが、実際は七つどころではなく、不思議に思えることは十指を越えるのです。

まずは『清水寺』へ向かう道。二年坂と三年坂を辿ってお寺へと向かうのですが、なぜ二年とか三年とか年数が坂道の名称になっているのでしょうか。

こういう話は諸説あって、どれが正解かは分かりませんが、まず三年坂があって、それに続く道として一年早い二年坂としたというのが正しいように思います。

ではなぜ三年坂と名付けたかと言えば、本来は産寧坂だったのが、難しい字のせいか、いつしか三年坂と変化していったのでしょう。

『清水寺』の境内に建つ子安の塔は安産祈願の象徴であり、そこへお参りする道のりにある坂はお産を寧《やす》くする、という願いを込めて産寧坂と名が付いたのです。この坂は大同三年にできたので三年坂になったとも言われています。

三年の前だから二年だろうと二年坂と名付けられたのですが、二を再びとし、第二子以降の安産祈願としてそう呼ぶようになったという説もあります。

ということで、坂のなぞが解けたので先に進みましょう。仁王門の手前左に小さな祠が建っています。ここは善光寺堂という地蔵院です。

善光寺と言えば長野。関係があるのでしょうか。なぞですね。

実はその長野の本家から本尊を勧請した善光寺如来堂が、かつて奥の院の南庭に建っていたのです。明治の半ばごろ、『清水寺』の境内が整理され、奥の院の善光寺如来堂を合併し、それ以来この建物は善光寺堂と呼ばれるようになりました。

これで名前のなぞは解けましたが、もうひとつなぞがあります。それは右手に置かれたお地蔵さま。これは首振り地蔵と呼ばれていて、願い事のある方向に首を回して祈れば願いが叶うという、ありがたいお地蔵さまなのです。

このお地蔵さま、元は祇園の幇間《ほうかん》だった鳥羽八という人物を祀ったものと言われていて、生前鳥羽八は借金で苦しんでいたので、死後は首を回るようにして借金苦から逃れられるようにしたと伝わっています。

さていよいよ『清水寺』の入り口でもある仁王門まで進みます。通称を赤門と言われる門の両脇には仁王像が置かれていて、向かって右が口を開けた〈阿《あ》〉、左が口を閉じた〈吽《うん》〉で、万物の初めと終わりを象徴する阿吽の形式に則っています。ところが石段下の左右に置かれた狛犬は両方とも口を開けた〈阿〉です。なぜなのでしょう。

これはお釈迦さまの教えを大声で世の中に知らしめるため、二体の狛犬は両方とも大きな口を開いているのだと言われています。

清水寺　鐘楼

仁王門をくぐって左に進むと鐘楼が見えてきますが、よく見るとふつうの鐘楼とは少し違う眺めだということに気付きます。

鐘楼はたいてい四本の柱ですが、ここは六本の柱が建っています。なぜでしょう。

このなぞ解きは簡単です。鐘が重すぎて四本では危ういので六本の柱で鐘を支えているのです。なんだ、と落胆しないでください。それほど立派な鐘を持つお寺なのだというしるしなのですから。

鐘楼から右奥へ進むと重文に指定されている三重塔が見えてきますが、ここにもなぞが隠れています。

塔屋の四隅に飾られるのは鬼瓦がふつうですが、東南の角だけは龍が飾られているのです。鬼瓦は厄除けの役目を果たしますが、龍は水の神さまなので火除けの役割を担っています。京都では西北に位置する愛宕山に火除けの神さまが鎮座し、都を火災から守ると言われていますが、正反対の東南の山には守り神がいません。そこでこの三重塔を山に見立て、東南角に龍を飾って火除けとしたのです。

このほかにも、八方にらみの虎が彫られた灯籠や、弁慶の爪痕、鉄下駄、錫杖《しゃくじょう》など多くの不思議が『清水寺』の境内のあちこちに点在していますが、最大のなぞと言えばやはり清水の舞台でしょう。

清水の舞台から飛び降りる。決死の思いで行動をするときの喩《たと》えにもなっているほど、よく知られた存在ですが、いったいなんのためにこれほどの規模の舞台がお寺に造られたのかはなぞに包まれています。

一九〇平米の広さを誇る舞台は、寺の御本尊である観音さまに芸能を奉納するために造られたと言われますが、ただそれだけのためとは思えないのは、この舞台を造るために床下に十八本の太い柱を建てるなど、建立には相当な困難が伴っただろうという事実です。

ほかのお寺ではめったに見ることのない広大な舞台を、わざわざ断崖に建つ本殿に造る必要があったとは思えず、なにか別の理由があったように思えてなりません。参詣者に絶景を見せ、観音信仰を広めるため、ではないかと推理しているのですが。

鐘園亭

『清水寺』近辺の混雑ぶりはすさまじいものがあります。コロナ禍の静寂はどこへやら。今やコロナ以前にも増して大勢の参拝客で賑わっています。賑わいという言葉ではとても足りませんね。二年坂から三年坂と歩くのもひと苦労です。そんななかで七不思議を見て歩けば疲れがたまるのも当然でしょう。

ひと休みしてスタミナをつけるのに恰好のお店が東大路通にあります。

清水道の交差点を南へ歩くと東側にビジネスホテルが建っていて、その一階と二階にあるのが『鐘園亭』。いたって気軽な中華料理屋さんです。

ホテルのテナントなので軽く見られがちですが、半世紀を超える歴史を持つ京都の街中華です。

秘伝の焼餃子

二階は宴会場になっていて、ランチは一階のテーブル席で供されます。四十五席あるそうですから、混んでいてもさほどの待ち時間がないのもありがたいところです。

一番のお奨めは〈秘伝の焼餃子〉です。餃子激戦区である京都のなかで、あまり目立ちませんがぜひ一度食べてみてほしい餃子です。パリッと香ばしい皮とジューシーな餡のバランスが絶妙で、二人前をぺろりと平らげる若い女性も少なくないそうです。

餃子とビール。〆にねぎそば。これで参詣疲れもいっぺんに吹き飛びます。

力餅食堂加藤商店

京都の食堂の屋号に〈餅〉が付くところが多いのにお気付きでしょうか。

相生餅、千成餅、大力餅などなど。弁慶餅や三高餅なんていういっぷう変わった屋号もあって、京都の街なかのあちこちに〈餅〉の名が付いた食堂が点在しています。

これらはチェーン店というわけではありませんが、ルーツはほぼおなじです。

明治の中ごろ、兵庫県の但馬地方から京都に出て来たひとが寺町六角辺りに饅頭屋を開いたのが始まりだそうです。饅頭屋はさほど繁盛しなかったのですが、開業から八年後に饅頭をやめて餅を商うようになって大ブレイクしたと言います。

力造さんという創業者の名を取って〈力餅〉という屋号にしたらますます繁盛するようになったというわけです。

あまりの繁盛ぶりに人手不足となり、故郷の但馬からひとを呼び寄せて、次々と暖簾分けをしていった結果、〈餅〉の名が付く食堂が京都の街に急増しました。

当初は餅だけだったのが、麺類や丼物、定食なども商うようになり、最盛期ともなると〈餅〉食堂は百数十軒にものぼったようです。

そんな〈餅〉食堂の代表的なお店が『清水寺』の近くにあります。清水道の交差点から松原通を西へ行ってすぐ左手。時分どきには行列ができていることも少なくありませんが、少しぐらいなら待ってでも食べたいランチが豊富な食堂です。

店先のショーウインドウには大福餅やおはぎ、いなか饅頭などが並んでいて、〈餅〉の付いた屋号にふさわしい佇まいです。

カレーうどんや肉うどん、玉子丼など、お出汁のきいた麺類や丼物がおすすめです。うどんにいなりずしを追加して、デザート代わりに餅菓子というのが〈餅〉食堂の定番です。

6　知恩院のなぞ

『知恩院』というお寺の名前には馴染みがなくても、このお寺の鐘の音を耳にされたことは、一度や二度ではないだろうと思います。

大晦日の夜恒例の「ＮＨＫ紅白歌合戦」の勝敗が決まり、蛍の光の斉唱が終わると、ゴーンとひとつ鐘の音が流れ、「ゆく年くる年」という番組に替わります。日本各地のお寺の除夜の鐘が生中継されますが、毎年必ずと言っていいほどその代表を務めるのが『知恩院』です。

ひとりの親綱と十六人の子綱によって、七十トンもの重さの釣鐘が鳴らされ、その余韻は長く静かに響きます。

奈良の『東大寺』、京都の『方広寺』と並んで、日本三大梵鐘のひとつとされる釣鐘は荘厳な佇まいで観る者を圧倒します。なぜこれほどまでに巨大な梵鐘が作られたのか、どこでどうやって鋳造されたのか、不思議に包まれていますね。

先述した『清水寺』の鐘楼に六本の柱が立っているのがなぞのひとつとされていましたが、『知恩院』の鐘楼にはその二倍にあたる十二本の柱が立っていて、巨大な梵鐘を支えているのですから、なぞも二倍です。

　スケールが大きいのは梵鐘だけではありません。『知恩院』の三門前から御影堂まで無料のシャトルバスが運行されているほど、境内は広大な敷地を誇っています。

　そしてこの『知恩院』には七不思議と呼ばれるなぞが隠されているのです。京都のいくつかの寺社には七不思議と呼ばれるものがあって、たいていのところでは、それらを自分で探さねばならないのですが、『知恩院』では大方丈の展示ブースに展観されているので、ひと目で分かるのもありがたいところです。

　順にめぐってなぞを解いてみましょう。ひとつ目は鶯張りの廊下。御影堂から小方丈に至るまでの長い廊下を歩くと、鶯の鳴き声によく似た音が足元から聞こえてくるのです。

　別名を忍び返しと言うのですが、音を立てずに静かに歩こうとすればするほど、鳴き声が響くので、ある種の警報装置として設えられたのではないかと言われています。また、聞きようによっては〈法聞けよ〉とも聞こえることから、仏さまの声だとも言われているそうです。

　ふたつ目は三門の楼上に置かれた白木の棺。将軍家から三門を造営するよう命を受けた奉行の五味金右衛門夫妻の木像が納められています。

金右衛門は見事に三門を造りあげたのですが、予算を超過した責任をとって夫婦で自害したと言われ、その遺徳を偲ぶために棺が安置されているのです。通称千本釈迦堂、『大報恩寺』のおかめ伝説もよく似たようなお話ですが、むかしはお寺の造営に関わるのは命がけだったのでしょうね。

三つ目は御影堂正面の軒裏に置かれた忘れ傘。

御影堂建立の際、この辺りに住んでいた白狐が新たな棲み処を造るよう上人に依頼し、その願いが叶った礼に傘を置き、『知恩院』を護り続ける標《しるし》としたと言われていますが、当時の名工である左甚五郎が魔除けとして置いたという説もあります。いずれにしても、傘が寺を護るという発想は少なからずなぞですね。

四つ目は美術ファンにはおなじみで、不思議でもなんでもないと言われそうですが、大方丈の菊の間の襖絵です。

狩野探幽の門人として知られる狩野信政が描いた作品は、抜け雀と呼ばれています。

紅白の菊が描かれ、その上に数羽の雀がいたのですが、あまりに巧く描かれたので生命を得て飛び去ってしまったと伝わっています。

今の菊の間の襖絵には、黒くにじんだ跡が残り、そう言われればたしかに雀が飛んでいるように見えます。

いかに信政が巧者だったかということを表す逸話です。

五つ目の不思議もおなじく信政の作品です。

方丈の廊下の杉戸に猫の親子が描かれているのですが、子猫を愛おしんでいる親猫が、どの方向から眺めても、正面からにらんでいるように見えるのです。これを三方正面真向の猫と呼び、子を思う親心、ひいては衆生をたえず見守ってくださる仏さまの慈悲を表していると言われています。

お堂の天井に描かれた龍が上昇しているようにも、下降しているようにも見えたり、八方をにらんでいるように見えることがよくありますが、これとおなじ意味合いなのでしょうね。

六つ目は大きな杓子。大方丈入り口の梁に置かれた長さ二メートル半、重さ三十キロにも及ぶ巨大な杓子もまた、仏さまの慈愛を表し、すべての人々を掬《すく》う、すなわち救う心の表れと言われています。

七つ目は登り口の路上にある瓜生石《うりゅうせき》。誰が植えたものでもない瓜の蔓《つる》が伸び、花が咲いて瓜が実ったという不思議は、あるがままの自然を表しているのだそうです。

一澤信三郎帆布

知恩院前の交差点から、東大路通を北へ歩いてすぐの西側に建っているのが『一澤信三郎帆布』。帆布を使った鞄で人気のお店です。

定休日の火曜日以外の営業時間、朝十時から夜六時まで、お店のなかはいつも多くのお客さんで賑わっています。

内外からの観光客はもちろんですが、地元京都人にもたくさんの常連客がいるのもこのお店の大きな特徴です。

明治の終わりごろから作り続けているという帆布の鞄類は、なんといってもその丈夫さが売り物で、質実素朴を旨とする京都人気質に合ったのでしょう。祖父も父も愛用していましたし、周りには今もファンが少なくありません。

かく言うぼくは高校生のころに牛乳配達のアルバイトをしていて、配達用の牛乳鞄に一澤帆布が使われているのを見て、その機能性と頑丈さに驚いたのが一澤さんとの出会いです。

ところ狭しと並べられた（吊り下げられた）帆布グッズはカラフルで、サイズも形状もバリエーションに富んでいるので、きっと目に留まるものがあると思います。自分用にはもちろん、ちょっとした京土産にも最適です。

食堂はやし

『一澤信三郎帆布』から北へ少しばかり。東大路通の東側に建つ『食堂はやし』は『知恩院』のなぞ解き散歩の行き帰りにぴったりのお店です。

デミグラスソースがたっぷりかかったとんかつ

西側にはすっかり有名になった『マルシン飯店』の長い行列が見慣れた風景になりましたが、斜め向かいの『食堂はやし』のほうは、時分どき以外さほどの待ち時間もなく、ゆっくりとランチを愉しめます。

うどんや蕎麦などの麺類もありますが、この店ではガッツリ系の定食がお奨め。とりわけロースかつが二枚載ったとんかつ定食は、食べ応えも満点で、洋食屋さんとは違う懐かしい味わいに誰もが笑顔になります。

洋食屋さんのデミグラスソースは、その濃厚な味わいが特色ですが、食堂系のデミグラスソースは軽やかでご飯によく合う味が売り物です。

とんかつに掛かったソースをたっぷりと絡めてご飯に載せると、箸が止まらなくなります。

近ごろは分厚いとんかつをレアで揚げるマニアックな料理が流行っているようですが、とんかつというものはほどのよさがたいせつで、そういう意味でこの店のとんかつはお手本だと思っています。

7 なぜ天満宮には牛がいるのか

天満宮と言えば、言わずと知れた菅原道真公をお祀りした神社のことで、天神さま、天神さんと親しみを込めて呼ばれることもありますし、生前の姓から菅原神社と名付けられた神社もあります。それらを合わせると日本全国に一万二千社もあると言われています。

日本中に神社が何社あるかというと、ざっと八万八千社だそうですから、およそその八分の一は道真を祀っているということになります。八百万《やおよろず》の神というくらいですから、神さまはたくさんおられるのに、道真公を祀った神社がなぜそれほど多いのかなぞですね。

菅原道真とはどんな人物だったのか。先刻ご承知だろうと思いますが、いちおうざっとおさらいしておきましょう。

朝廷に仕える家系に生まれた道真公は、幼いころから遺憾なくその才能を発揮し、五歳のときに和歌を、十一歳になると漢詩を詠み、どちらもその作品は高く評価されたと言います。

学問の神さまと称されるようになったのは、天賦の才のおかげなのかもしれません。

その後も学問を究め続け、二十六歳のとき最難関の試験と言われる〈方略試〉に見事合格し、三十三歳になると、学者としての最高位と言われる〈文章博士〉に任じられました。天才でありながら研鑽を積み続けた秀才でもあったのですね。

その才を学者だけで終わらせていたら。歴史にもしもは禁物ですが、そう思いたくなるような悲劇的な最期を迎えるのです。

学問で得た知識を生かし、道真公は政《まつりごと》にもその才を発揮します。遣唐使を廃止したことはよく知られていますが、抜本的な税制改革を断行したのは最大の功績だと言われています。宇多天皇の絶大な信頼を得、右大臣にまで昇りつめると周囲が黙っていません。妬みの対象になってしまったのです。

左大臣として廟堂の頂点に立った藤原時平の策謀によって、罪を着せられた道真公は大宰府へと左遷されてしまい、不遇の死を遂げることになりました。いつの世もひとの嫉妬心というものは怖いですね。

あらぬ疑いをかけられ、名誉挽回の機会も与えられないままあの世へと旅立ってしまったのだから、この世に未練と恨みを残すに違いないとむかしのひとは考え、災いが起こるとその怨霊のせいではないかと思ったわけです。そしてその御魂を鎮めるために神として崇め祀る。こうして天神信仰は広がっていき、京都をはじめ日本各地に道真公をお祀りする神社がたくさんできたのです。

京都にある主な天神さんをめぐる、洛陽天満宮二十五社順拝という習わしがあって、第一番の菅大臣天満宮からはじまり、第二十五番の錦天満宮まで、道真公ゆかりの神社がこんなにあるのかと驚いてしまいます。

天満宮と言えば大宰府と北野が双璧かと思いますが、洛陽天満宮二十五社順拝では、北野は一番ではなく第九番となっているのが意外です。また二十五社には数えない天神さんも京都には何社かあるそうですから、天神信仰がいかに広く浸透しているかがうかがえますね。

さて京都の天神さん。それぞれに由緒があり、そこに祀られている理由があるわけですが、すべてを巡拝するのは時間的にも難しいので、主だった、というと他の天神さんに失礼かもしれませんが、お奨めの天神さんを挙げておきます。

第九番ではありますが、やはり北野の天神さんは外せませんね。総本山と言っていいのかどうか分かりませんが、天神さんと言えば北野です。とりわけ受験生をご家族にお持ちであればぜひ『北野天満宮』をお参りなさってください。もちろんぼくも大学受験の前にはお参りし、無事に願いを聞き届けてくださいました。

その次は第一番の『菅大臣天満宮』とそのすぐ北側にある『北菅大臣神社』です。道真公の生家があった場所と伝わり、産湯の井戸や飛梅伝説の元となった梅の木もあります。四条烏丸にもほど近くアクセスがいいのもお奨めする理由のひとつです。ビジネス街の真ん中にこんな天神さんがひっそりと建っているのは、京都ならではかもしれませんね。

三つ目のお奨めは『菅原院天満宮神社』。烏丸通をはさんで京都御苑の西側に建っていて、すぐ近くには足腰の神さまで知られる『護王神社』もありますので、神さまめぐりには恰好の立地です。

四つ目は『文子《あやこ》天満宮』です。『東本願寺』の飛び地である『渉成園』のすぐ近くに建っていますが、洛陽天満宮二十五社のなかで人名が付いた天神社はここだけです。

文子とは道真公の乳母だった多治比文子という女性で、失意のうちにこの世を去った道真公が文子に、北野の右近の馬場に祀るようにと託宣したと伝わっています。

つまり『北野天満宮』はこのお告げによって建てられたとも言えるわけで、『北野天満宮』の境内北門近くにも摂社である『文子天満宮』が建っています。

天神さまのはじまりとも言える『文子天満宮』は文子の住まいだったと言われ、境内には道真公が大宰府へ左遷される際に文子宅を訪れ、別れを惜しみながら腰かけたと伝わる

〈腰掛石〉があります。

よほど道真公は乳母の文子を慕っていたのでしょうね。無念の気持ちを吐露し、それをじっと文子は聞いていた。そんな様子が浮かんできます。数多の天満宮、はじまりはこの石だったのではないでしょうか。

ところで、さも当たり前のように天満宮には牛が寝そべっていて、天神さんと牛は切っても切れない間柄のようになっていますが、なぜ牛なのでしょう。

お稲荷さんには狐、八幡さんには鳩といったように、神社にはそれぞれ祀られている神さまと縁があるお使いがあるのですが、天神さんの神の使いが牛だということで、天満宮の境内には牛が鎮座するようになったのです。

ではなぜ天神さんの使いが牛かと言えば、これには諸説あるようで、はっきりとは断定できません。

菅原道真の生まれ年が丑年で、薨去《こうきょ》されたのも丑の日だったからという説もあれば、道真公の遺骸を載せた車を引く牛が、座り込んで動かなくなった場所を墓所と定めたことから、とも言われています。

そのほかにも、大宰府へ下る際、道真公は牛に乗っていたから、や、道真公を襲った刺客から牛が守った、や、道真公が牛を飼育していたという説までであります。道真公の神号〈天満大自在天神〉の大自在天が、八本の腕と三つの眼を持つ八臂《ぴ》三眼で、白い牛に跨がっていたから、という説まであります。

諸説ありながらも、牛は天神さんのお使いということだけは定着していて、各地の天満宮の境内には寝そべった牛が鎮座しています。

なぜ寝そべっているのでしょう。

これは、先の説のなかの、遺骸を載せた車を引く牛が動かなくなったとき、寝そべっていたからだと言われています。

寝そべっているはずの牛ですが、『北野天満宮』には、ただひとつだけ、立ちあがっている牛がいるのはあまり知られていません。

本殿の欄間の彫刻を見上げてみると、黒い牛が後ろ足を立てていて、〈立ち牛〉になっているのです。

なぜこの牛だけが立っているのかは、神社でも分からな

北野天満宮の立ち牛

いそうです。

一説では、道真公が大宰府送りになったことを知った牛が、地面を後ろ足で蹴って哀しみと怒りを表していると言われています。

たかが牛ではありますが、そこには人々の道真公への想いがさまざまに渦巻いているのでしょう。牛のなぞはこれで少し解けましたね。

お酒とお料理　おまち

『北野天満宮』の一の鳥居から南へ。今出川通を越えて広い中立売通《なかだちうり》を道なりに下っていくと、途中一条通と重なりながらアーケードのある商店街へとつながります。

かつては京の台所と称されていた錦市場が無残な食べ歩きストリートになってしまった今、ほんとうの台所はこういう商店街なのかもしれません。八百屋さんや花屋さん、パン屋さんなどがふつうに軒を並べていて、馴染みのご近所さんが会話を交わしながら買物をする様子は見ていて清々しく感じます。

そんな商店街に溶けこんでいる『お酒とお料理　おまち』は、まだオープンして一年ほどしか経っていませんが、ずっと以前からこの場所にあったような気がするほど、街並みにしっくりと馴染んでいます。

お店の表側はすべてガラスの引き戸になっているので、お店のなかの様子は外からはっきり見えます。この開放感が居心地のよさにつながっているのでしょう。

ランチタイムにガッツリ食べているひともいれば、昼酒を愉しんでいる客も少なくありません。キッチンをはさんで両側にカウンター席があるだけの気軽なお店は、早くも常連客をつかんでいますが、お店に固定電話はなく、インスタグラムでの告知だけなので、早くから予約で席が埋まるようなことはなく、行ってみて空いていればおいしい料理とお酒にありつける、という極めて真っ当なシステムのお店です。

おまかせコース一本鎗という昨今の割烹とは対極にあるお店では、日替わりのアラカルトが豊富にあって、京都らしい和食が気軽に愉しめます。

真ん中のキッチンでは仲睦まじい夫婦が、息の合ったやり取りを見せてくれ、それがこの店の、ほんわかとした、やわらかい空気を生みだしています。料理はきりりとしていて、凛とした姿ですが、お店のなかを流れる空気は、どことなく緩さを感じる。このお店の居心地のよさは、夫婦ふたりで作っているように思います。

茶の間

『菅原院天満宮』から烏丸通を北へ、『護王神社』にお参りしてから下長者町通を西へ少しばかり歩きます。やがて左手南側に『茶の間』の看板が見えてきます。

お店の屋号が示すとおり、茶の間気分でくつろげる喫茶店です。

あいにく第二、第四土曜日日曜日と祝日はお休みですが、平日は朝七時半から夕方五時まで開いていますから、『菅原院天満宮』や『護王神社』の参拝、京都御苑の散策の際には頃合いのお休み処となります。

茶の間というお店の名前どおりいたって気軽なお店ですが、実は専門店に負けず劣らずのおいしいカレーが名物になっているのです。

ビーフカレーとバターコーンカレーがあって、それぞれマイルド、ふつう、ちょい辛、大辛の四つのなかから辛さを選べます。

喫茶店のカレーだからたいした辛さじゃないだろうと、なめてかかると大変なことになります。ふつうのカレーが好みでしたらマイルドをお選びください。それでも充分辛さは愉しめます。

セットで頼むとサラダとコーヒーか紅茶が付いてきます。魔法のランプのようなポットに入ったカレーを、フレークが掛かったご飯に掛けると芳しいカレーの香りが漂います。追いカレーができるのもこの店のうれしいところ。途中でカレーが足りなくなったら足してくれます。その際は少しだけ冒険して、ちょい辛をちょっとだけ頼んでみましょう。冬でも額に汗をかくぐらいの辛さを味わえます。

第二章

地名のなぞを解く

1　なぜ左京が右、右京が左なのか

京都市全体の地図を見てみましょう。当然のことながら上が北で下が南。右が東で左が西です。世界共通ですね。

では行政区の地名を当てはめてみましょう。上のほうが北区で、下のほうが南区と、ここまではすんなりと腑に落ちます。ところが右のほうに左京区が、左のほうに右京区があるというのは、なんとなく違和感を覚えるのではないでしょうか。

向かって右、とか向かって左手とか言いますね。つまり向かって右が右京、左が左京となっているのです。

では誰から見て、向かってなのかと言えば天皇なのです。

天皇の居場所と言えば御所の大内裏。平安京が定められた当時の大内裏は、今の京都御苑の中ほどから、やや北西に位置していました。その天皇から見て右が右京で左が左京となったわけです。

と説明しても、あれ？　と疑問が残りますよね。大内裏におられてもどっちを向いているかによって、左右が異なりますから。

ここでカギになるのが、〈君子は南面す〉という中国の習わしです。

平安京は長安の都を模して造られた都ですから、あらゆることを中国に倣いました。そこで天皇も南面するのが基本となったわけです。現代の京都御苑を訪ね、真ん中辺りに立って南を向いてみましょう。左手が左京、右手が右京ということに納得されるでしょう。

余談になりますが、碁盤の目に整えられた京都では、町名や番地ではなく通りや交差点を基準にして、東西は東入る西入る、南北は下る上ると言い表します。この南北の下上は、土地の高低からそう呼ぶというのが通説ですが、元々は天皇のおられる大内裏に向かうのを上ると言うのだとされています。したがって羅生門があった南のほうから、内裏がある北へ向かうのを上ると言ったのです。

天皇の居場所が上、というのは今でも鉄道の路線で使われていますね。東京へ向かうのが〈上り〉で出ていくほうが〈下り〉。この上り下りと、京都の上る下るはおなじ意味合いだったのです。

ちなみに上賀茂など北のほうから内裏へ向かうときは、本来は下るではなく、出るという言い方をしたと伝わっています。

地名のなぞが解けたところで、左京と右京を比較してみましょう。

平安京が造営されたころ、大内裏から南へ延びる通り、朱雀大路を中心にして、左京と右京に分け、ほぼシンメトリーに街が作られました。

おおよそですが当時の朱雀大路は今の千本通にあたります。では今の京都の街の中心が千本通かと言えば、そうは見えませんね。千本通から東、すなわち当時の左京は広いエリアに拡張されています。つまり左京が発展していったのです。

なぜそうなったかと言えば、右京が衰退してしまい、右京に住んでいた人々は左京へと移り住んでいき、左京が栄えるようになったのです。

平安時代の古い書物には、〈朱雀大路から西の右京は廃れ、人家は減少の一途を辿り、壊される家はあっても新しく建てられる家はない。右京から去っていく者はいても、移り住んでくる者はいない〉と書かれています。

ではなぜ右京がそんなに早く衰退したかと言えば、どうやら地勢に問題があったようです。

左京に比べて土地が低かったので水はけが悪く、大雨が降ると水が残って湿地帯になったという記録が残されています。ひとが住むうえで水はけはきわめてたいせつな要素ですから、衰退するのも当然だったのでしょう。

あらためて京都市の地図を見てみると、たしかに千本通よりも東の左京には多くの名所が散見されますが、千本通から西側の中心部には見知った名前が見当たりません。さらに西へと進み標高が少し上がったところには、嵐山や嵯峨野といった名所が点在していますから、水はけの良し悪しが京の明暗を分けたのは事実のようです。

ここまでは物理的な面からみた話ですが、右京が衰退していったことを心理面からみてみましょう。

君子は南面す、という言葉をもう一度引き合いに出します。

天皇が南を向いて座すと左が東、右が西になるのですが、当時の思想に〈左上右下〉という考え方がありました。左右を比べた際、左が上位にくるという考え方です。右大臣より左大臣が上位で、舞台でも左を上手、右手を下手と言いますし、京都では古くからお内裏様を飾るとき、左に男雛、右に女雛を配置します。ＬＧＢＴなどという言葉がなかったころの話ですが。

この左上右下という思想に則れば、当然のことながら左京に重きが置かれ、右京は軽んじられたのでしょう。そういう面でも人々が左京に住みたがったのも理解できます。

左京右京、上る下るなどは君子ありきの表現が今に残っているのです。

鮨かわの

現在の左京でお奨めのお店を一軒ご紹介しましょう。

かつては江戸前鮨不毛の地とまで言われた京都ですが、近年はおいしい江戸前鮨のお店が急激に増えてきました。

俗に大阪寿司と呼ばれる箱寿司や棒寿司など、江戸前握りとは違って少し時間を置いてから食べるお寿司が関西では主流だったせいで、江戸前握りのお寿司屋さんが少なかったのですが、昨今の全国的な江戸前鮨ブームもあって、次々と江戸前鮨のお店がオープンしました。

多くは夜だけの営業で、それなりの価格にもかかわらず早くから予約で席が埋まる人気ぶり。やはり京都でも江戸前鮨人気は高まるいっぽうです。

左京区のやや北区寄り。賀茂川からもそう遠くない場所に暖簾を上げる『鮨かわの』はカウンターだけの小さなお店で、開店してまだ九年ほどですが、地元の常連客だけでなく、ランチタイムなどは観光客も見かける、頃合いの江戸前鮨店です。

夜はお酒片手に、つまみとお鮨のコースをとなりますが、お昼どきなら一万円のお鮨コースもあって、選りすぐりのネタを使った江戸前鮨を満喫できます。京都旅のたまの贅沢には恰好のお店です。

鮎茶屋　平野屋

時代とともに衰退していった右京ですが、嵐山から奥の嵯峨野一帯は、都市開発がされなかった分、豊かな自然が残り、古い家並みも壊されることなく、むかしながらの情緒を今に伝えています。

嵐山渡月橋から嵯峨野の竹林を抜け、さらに北西方面へ辿るとやがて、小倉山のふもとに佇む鳥居本地域に行き着きます。

鳥居本という地名は、京の夏の風物詩である五山の送り火のひとつ、鳥居形が点火される曼荼羅《まんだら》山のふもとにあることから名付けられました。

古くは化野《あだしの》と呼ばれる葬送の地でしたが、愛宕山の『愛宕神社』へと辿る参道入り口として発展してきました。『愛宕神社』は火除けの神さまとして知られ、夏のさなかに行われる千日詣は大勢の参拝客で賑わいを見せます。

参道の入り口には一の鳥居が建ち、その前後には二軒の茶店が軒を並べ、お休み処として長く親しまれています。

鳥居の手前にあるのが『鮎の宿　つたや』で、鳥居の奥にあるのが『平野屋』。どちらも茶店として手軽な茶菓を提供しながら、夏ともなると名物鮎料理を求めてやってくる客をもてなしています。

『平野屋』の名物は〈志んこ〉。米粉をこねて蒸した素朴なお菓子ですが、ほっこりひと息つくにはぴったりです。

愛宕山のつづら折りの坂道を表したという、ねじれた形の〈志んこ〉は白と抹茶、ニッキの三色で、きなこと黒糖をまぶして食べます。素朴な甘みは抹茶との相性もよく、苔むした屋根の下で食べると江戸時代にタイムスリップします。

三色の志んこ

時季が合えば絶品と評される鮎料理にも舌鼓を打ちたいものです。清流の音を聞きながら古風なお座敷で食べる鮎は、洛中のそれとはひと味もふた味も違います。

2　一条戻橋と堀川のなぞ

一条戻橋という橋をご存じですか？　ひとつの橋にこれほどたくさんの逸話や伝承が残されているのはほかにありません。

平安京には一条大路という通りがあり、それが今の一条通の元になっています。今出川通から少し南にあって東西に延びる通りです。

通り名を覚えるために京都に伝わるわらべ歌〈丸竹夷《えびす》〉は丸太町通から始まり、南へ数えていくので、一条通はその圏外になっているせいか、馴染みが薄い通りの名前かもしれません。東の端は烏丸通ですが、西のほうの端は諸説あって、花園までと言われたり、嵯峨野まで延びているとも言われます。

そして京都の街なかを流れる川と言えば、誰もが鴨川を思い浮かべるので、一条戻橋と言うと鴨川に架かっている橋と勘違いされるのもよくあることです。

一条戻橋が架かっているのは、市内を南北に流れる堀川と言う川です。と言っても京都市内の地図に堀川と言う川の名前は見当たりません。それもそのはず、かつては立派な川でしたが、今はほとんど暗渠になっていて、川の流れが見られるのは今出川通から御池通までと、『西本願寺』近辺のわずかな区間だけなのです。それも細い流れですから地図では目立たないのです。

平安京のメインストリートである朱雀大路をはさんで、古く堀川は二本流れていたようです。西側の堀川は今の紙屋川にあたりますが、どちらも運河として重用されたと言われています。

平安時代には近辺に住まう公家や貴族たちの庭園に水を引いたり、友禅染の洗いに使ったりされましたが、時代とともに今出川通から北の流れは消えていきました。

川は消えても通りの名前は残り、堀川の流れに沿って作られた堀川通は、京都市内を南北に貫く広い通りとして広く知られています。

堀川通には『二条城』と『西本願寺』、ふたつの世界遺産が面していますから、観光客の方もよく通る道筋かと思います。そしてもうひとつの堀川通近くの名所が『清明神社』。陰陽師安倍晴明を祀る神社として人気を呼んでいます。その安倍晴明の逸話が残っているのが一条戻橋なのです。

川としての堀川は衰退の一途を辿りましたが、その流れに架かる一条戻橋は平安京造営の際に架橋されてから、ずっとこの場所に架かり続けています。もちろん何度も作りなおされてはいますが、千二百年以上ものあいだの長い歴史のひとコマを、この橋は見続けてきました。

そもそも戻橋という名がなぜ付いたのでしょうか。

平安時代中ごろの僧侶、三善浄蔵が熊野で修行していて父危篤の知らせを受けて京に戻ってきたときの話にさかのぼります。急いで自宅に戻ろうと浄蔵が一条の橋を渡っていると、棺をかついだ葬列に出会いました。もしかして、と訊ねると案の定その棺には父清行の亡骸が納められていたのです。悲しみにくれる浄蔵が涙ながらに棺にすがったそのとき、雷鳴が鳴り響き一瞬だけ清行が生き返り、ふたりは抱き合って今生の別れを惜しんだと言います。

命が戻ったことから戻橋という名が付いたようですが、この橋に残された逸話はそれだけではありません。平家物語に書かれている話では、なんと鬼が出たそうです。

源頼光四天王のひとり、渡辺綱が夜更けてこの橋を通りかかると、若く美しい女性が、闇夜が怖いので家まで送ってほしいと頼んできました。綱は怪しみながらも断り切れずに馬に乗せましたが、女はたちまち鬼に変身し、綱の髪をつかむやいなや愛宕山の方向へ飛んで行こうとします。綱は必死で抵抗し鬼の腕を斬り落として逃げたという恐ろしい話。

むかしは橋のたもとで占いをするひとが居て、橋占と呼ばれ万葉集にも登場していますが、この一条の橋もその名所だったようで、建礼門院の出産の際、その母の二位殿が一条戻橋で橋占を行ったといいます。十二人の童子が囃子を流しながら橋を渡り、生まれた皇子の未来を占う歌を歌ったそうです。

その童子はしかし、近所に住まう安倍晴明が一条戻橋の下に隠していた十二神将の化身だったと言われています。

安倍晴明の邸宅跡は『清明神社』となり、一条戻橋のすぐ近くに建っていますが、千利休の住まいもすぐ近くにありました。それゆえかどうかは分かりませんが、豊臣秀吉の命によって自害した利休の首は一条戻橋にさらされました。

秀吉が関わった悲劇はもうひとつこの橋に残されています。日本二十六聖人と呼ばれるキリスト教殉教者は、秀吉の命によってこの橋のたもとで見せしめに耳たぶを切り落とされ、殉教地長崎へと向かわされたというのですから、なんとも痛ましい話です。

どれもむかしの話ですが、死者が蘇らないようにこの橋を渡ることを霊柩車は避け、出戻らないようにと婚礼の日に花嫁はここを通らない、という話は今も伝わっています。京都のなぞは令和の今も生きているのです。

河村食堂

西陣の中心地ということもあり、一条戻橋の近辺にはかつて多くの飲食店がありました。和装を中心とした製造業が盛んで、たくさんの職人さんが働いていたからです。とりわけ早く食べられて、しっかり栄養も摂れる洋食が人気で、かつての西陣界隈には多くの洋食屋さんがしのぎを削っていました。

ハンバーグ＆海老フライ

西陣の街から機音《はたおと》があまり聞こえなくなってきたのと同時に、移転や廃業する飲食店が徐々に増えてきて、いつの間にか洋食の看板を見かけなくなってしまいました。

そんななかで新しく洋食屋さんができたと聞けば、足を運ばないわけにはいきません。

一条戻橋から一条通を東へ。小川通を北へ上って武者小路通を越えてすぐ右手の路地奥にあるのが『河村食堂』という洋食屋さんです。路地の奥というロケーションもなんだかワクワクしますね。

赤レンガのフェンスと鮮やかなブルーのファサードが印象的ですが、料理にもおなじ空気が流れていて、軽やかな洋食をゆったりと愉しめます。

路地裏ハンバーグと箸袋に書いてあるぐらいですから、名物はもちろんハンバーグ。信楽焼の陶板に載って出てくるハンバーグは熱々のまま食べられるのがうれしいですね。

分量やソースの種類を選べるハンバーグに海老フライを付ければ、満足満腹間違いなしです。今はランチタイムだけの営業のようですので、路地裏ハンバーグはお昼だけの愉しみとなります。

塩芳軒

一条戻橋から一条通の堀川を西へ。黒門通を南へ下った左手、西側に格式ある京町家が建っていて、長い歴史を感じさせるお店が『塩芳軒』。

京都市歴史的意匠建造物にも指定されている建物は大正初期に完成したものだそうです。

創業は一八八二年と言いますから、一四〇年の歴史を誇る老舗の和菓子屋さんです。

豊臣秀吉が築いた聚楽第跡にほど近いことから名付けられたという〈聚楽〉がこのお店

を代表する銘菓です。

季節の上生菓子やお干菓子もありますが、お土産にちょうどいいのが〈雪まろげ〉という和三盆を使ったお干菓子です。日持ちもしてかさばらないのでお土産にぴったりなのです。

近年は京都の和菓子屋さんも、和スイーツと呼ばれるジャンルにまで手を広げていますが、『塩芳軒』は京都の和菓子の伝統を正しく守り、あくまで正統派を貫いているところに大きな共感を覚えます。

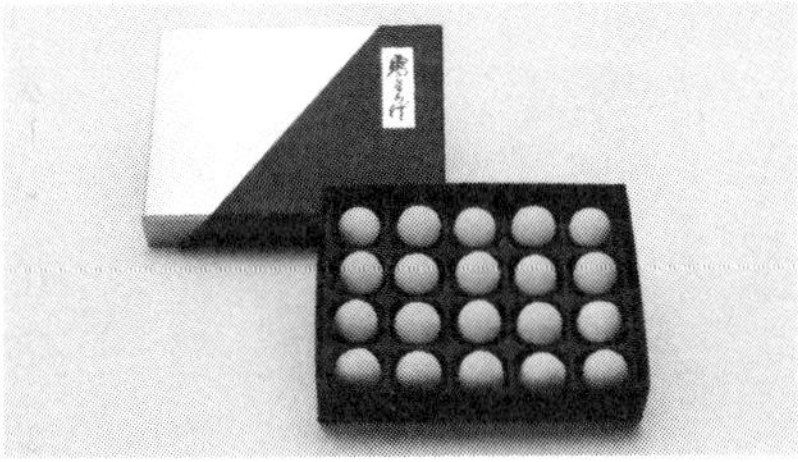

和三盆のお干菓子 雪まろげ

3　京都の交差点名に法則はあるのか

京都の街なかでは地名を言い表すのに、町名や番地ではなく交差する通りの名前を使うのが一般的です。

もちろん郵便物などの宛先は住所地名を使いますが、むかしはこれも通りの名前で書くことが多かったそうです。

たとえば、ぼくが日本一の名旅館と断じる『俵屋』は住所地名で表すと、京都府京都市中京区中白山町二七八となりますが、そう言われても京都のひとでそれがどこだか分かる方はほとんどいないのではないでしょうか。かく言うぼくもちんぷんかんぷんです。

ところが、タクシーに乗って〈麩屋町御池下る東側〉と行先を伝えれば、間違いなく『俵屋』へ案内してくれます。麩屋町通は縦、御池通は横、これが交わる地点は一ケ所しかないのですから、そこを上か下か東か西か、どっちに向かうかを言えば間違いようがありません。実に合理的なシステムだと思います。

ただ、麩屋町通は北行の一方通行なので、車は南に下れません。〈姉小路麩屋町上る〉といったほうが適切かもしれません。

いずれにせよ、京都市の中心部では南北の通りと東西の通りが交わる地点を基準に、上る下る、もしくは東入る西入るといえばピンポイントで特定できます。

それはご承知のように、京都の街なかは碁盤の目のように規則正しく道路が作られているからで、整然と道路が縦横に並んでいるおかげなのです。

では縦の通りと横の通りのどちらが先に来るのか。これはひとつのなぞなんです。縦が先だとか横が先といった決まりはなく、なんとなく地元のひとたちが習慣的に呼んでいるように交差点の標識は記されています。ですが、それとて住民たちにアンケートを取ったわけでもなく、あくまで、〈そう呼んでいるひとのほうが多いんとちがう？〉といった程度のようです。

とは言いながら、なにかしらの法則性はあるのが京都という街の特徴です。あいまいなように見えて、地元だけに通じるルールがある。どうやら交差点の名称にもこの法則は当てはまるようです。

主要な通りの名前を先にあげる。これがその法則です。京都で主要な通りといえば、外周を辿る、東大路（東山）、北大路、西大路と、南北の河原町、烏丸、堀川、千本辺りがあげられます。

したがってこれらの通りと交差する場合は、上記の通りが先にくるのが一般的です。たとえば東海道五十三次で知られる三条通ですが、東山三条、河原町三条、烏丸三条、堀川三条、千本三条と、いくらよく知られた通りであっても、三条はあとにつきます。

北大路を除いて、おおむね縦の通りが先に来ますが、必ずしも縦が横に比べて主要だというわけではなく、この辺りは京都人の肌感覚だろうと思います。

交差点名はほぼそのままバス停にも反映されますから、縦移動が多い京都人にとっては、縦が先に来るほうが安心感があるのもその理由のひとつかもしれません。

ぼくがよく利用する京都市バス9系統は堀川通を南北に走るのですが、南行の場合、北大路堀川は北大路が先に来ますが、そこからずっと堀川が先に来ます。今出川、丸太町と下っていくと、現在地が把握しやすいのです。

ところが堀川三条のあと、堀川蛸薬師の次は四条堀川、と不意打ちをくらいます。四条通を横に辿っていくと、四条烏丸、四条河原町とどちらもイレギュラーです。なぜ四条通は法則からはずれるのでしょう。なぞですね。

一説にはそのほうがゴロがいいからと言われていますが、あまり説得力はないように思います。

四条通に対する京都人のリスペクト。これがいちばんしっくりきます。四条河原に例を引くまでもなく、四条通は古くからひとが多く集まる繁華街として発展してきました。祇園祭の山鉾《やまぼこ》巡行を担う『八坂神社』の存在もあいまって、京都人にもっともなじみ深い通りが四条通なのです。

近代に入っても『大丸』『高島屋』の二大デパートが四条通に店を開き、烏丸通を中心とした四条烏丸周辺は京都屈指のビジネス街となり、京都の一大商業地となったことから、四条は単に通りを指すだけでなく、四条通を中心としたエリアぜんたいを指す呼び名になりました。

「ちょっと四条行こか」

子どものころ、たいていのひとは繁華街を四条と言い換えていたのです。その名残りが今も地名に残っているのだろうと思います。

元町ラーメン

京都一の繁華街だけあって、四条通界隈には実に多くの飲食店があって、どこで何を食べようかといつも迷います。

いつも閑古鳥が鳴いているようなお店も食指が動きませんが、かと言って長い行列ができるような人気店も避けたいところ。どこででも食べられるようなものではなく、そこでしか食べられないおいしいもの。となれば、ぼくの場合選択肢はさほど多くありません。四条と言えば大丸か高島屋。どちらかに近いところでお昼、というのが京都人のお決まりです。

大丸の西側、東洞院通の四条通と錦小路通のちょうど真ん中へんの路地奥にある『元町ラーメン』は、懐かしさも相まってよく足を運ぶラーメン屋さんです。

ぼくの思い出のらーめん

屋号の元町というのは、北区の元町小学校由来でして、半世紀近く前に元町小学校横の駐車場に屋台のラーメン屋さんがあって、人気を博していたのです。

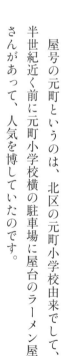

京都のラーメンブームは今に始まったことではなく、半世紀も前から京都ラーメンとも呼ぶべき個性的なラーメン屋さんがその味を競い合っていたのです。

初代主人が金沢出身だったことから、今で言う富山ブラックをベースにして京都の老舗醤油店『澤井醤油』のたまり醤油を使ったスープで屋台ラーメンをはじめたのが『元町ラーメン』の始まりです。今でこそ真っ黒いスープの醤油ラーメンは京都ラーメンの代表として知られていますが、当時はまだめずらしかったせいで、他府県からラーメンフリークが深夜に車を飛ばしてやってきたものです。そんなころの京都に思いを馳せてラーメンを食べるのも一興です。

ZENBI

京都の街なかには個性的な美術館がいくつもあって、どこも小さな規模ですがポイントを絞り込んでいることもあって、ファンには堪えられない魅力を秘めています。

四条通から大和大路通を南に下って、初音小路を東に入ったところにある『ZENBI』もそんな一館です。

四条花見小路近くに店を構える老舗和菓子店『鍵善良房』は、葛切りやわらび餅などに舌鼓を打つ喫茶が併設されていることもあって、いつも賑わっているお店ですが、その和菓子屋さんが開いた美術館『ZENBI』は、奥まった場所に建っているせいか、心静かに展観を愉しむことができます。

『鍵善良房』の店内で散見される民藝の数々に心奪われた方も少なくないでしょうが、ここ『ＺＥＮＢＩ』は木工作家の黒田辰秋をはじめ、河井寛次郎などの民藝作品を数多く所蔵し、それらの展観で民藝ファンの人気を呼んでいます。

柳宗悦が提唱した民藝運動は京都で花開き、中核をなす地となったことはよく知られていますが、巨匠たちが遺したその作品を目にする機会はさほど多くないだけに、この美術館は貴重な存在です。

にわかブームではなく京都の地にしっかり根付き、京都の美の一端を担って来た民藝に触れるのも有意義な京都旅になると確信しています。

4　万寿寺通の「万寿寺」はどんな寺？

京都の街を歩いていて、一番大きななぞだなぁと思うのは地名です。地名と今の状況がまるで一致しないのです。せめてその名残りでもあればと探してみるのですが、その片鱗すらうかがえない。そんな地名があちこちにあるのです。

その代表的な地名が万寿寺通。

通りの名前を覚えるためのわらべ歌が京都にはあるのですが、そこにも出てきます。丸竹夷二押御池。姉三六角蛸錦。四綾仏高松万五条。

これらは北から順に、丸太町通、竹屋町通、夷川《えびすがわ》通、二条通、押小路通、御池通、姉小路通、三条通、六角通、蛸薬師通、錦小路通、四条通、綾小路通、仏光寺通、高辻通、松原通、万寿寺通、五条通と並んでいるのですが、五条通の手前にある万寿寺通が大きななぞです。

万寿寺と言ってもどんな寺なのか、まったく想像もつきませんが、かつては、東福寺、天龍寺、相国寺、建仁寺とともに京都五山に数えられ、大いに栄えたお寺だそうです。そんな立派なお寺がなぜ通りの名だけ残して消え去ったのか。なぞですね。

平安時代の終わりごろ白河上皇が、若くしてこの世を去った皇女郁芳門院の菩提を弔うため、六条内裏に〈六条御堂〉を建立したのが、『万寿寺』の起源だと言われています。

その〈六条御堂〉がどこにあったかと言うと、万寿寺通高倉辺りと言われていますが、南は六条通、北は六条坊門、つまり今の五条通、西は東洞院通、東は高倉通とも言われていますからかなり広大な敷地だったようです。それなら通りに名を残しても当然ですね。

それほど大きなお寺が忽然と姿を消してしまうなどということが、果たしてあり得るのでしょうか。

京都でお寺が消えるとなれば、その理由は大きくふたつあります。

ひとつは大火。火事によって焼失してしまうことです。長く都として栄えてきた京都は人口も密集し、通りも狭く入り組んでいることから、ひとたび火が付けばあっという間に燃え広がり、辺り一面焼け野原になってしまう。そんな大火がたびたび起こり、それによってお寺が焼けてしまうのもよくあることでした。

『万寿寺』もその例外ではなく、文永十年（一二七三年）と、永享六年（一四三四年）の二度も火災に遭い、それによってお寺が衰微していったといいます。

そしてもうひとつ。京都のお寺が消えた理由の多くは、豊臣秀吉が天正年間に行った京都改造計画、世に言う天正の地割によるものです。

平安京以来そのまま残されていた大路小路を組み替え、南北方向の通りの中間に新たに通りを開き、それまで空き地だったところに新たな町を造ったのです。それに伴ってお寺は寺町通に集められたり、郊外に移転したりされ、お寺は消えて地名や通りの名前だけが残る、という結果になったわけです。

『万寿寺』も例外ではなく、秀吉による京都改造計画によって、『東福寺』の北側にあった『三聖寺』というお寺の隣に移転させられました。

その『三聖寺』は鎌倉時代に大きな伽藍《がらん》を持つ寺院として名高かったようですが、徐々に衰微していき、やがて明治時代のはじめごろ、『万寿寺』に吸収合併されてしまいます。その後『万寿寺』は『東福寺』の塔頭《たっちゅう》となり今に至っているということで、わらべ歌にも歌われる万寿寺通の『万寿寺』は現在、『東福寺』の塔頭寺院として、JR東福寺駅の東側に瀟洒《しょうしゃ》な伽藍を構えています。

地名は残っているがお寺そのものは消えてしまったという話は『万寿寺』だけではなく、洛中のあちらこちらで見かけますが、その代表とも言えるのが岡崎の法勝寺町という町名です。

『平安神宮』をはじめ、ロームシアター京都、京都市動物園、京都市京セラ美術館などが建ち並ぶ岡崎界隈は、京都市民憩いの場でありながら、多くの観光客も訪れるという賑やかな界隈です。

この岡崎の東のほう一帯は岡崎法勝寺町という町名ですが、法勝寺というお寺は現在存在していません。消えてしまったのです。

今でこそ岡崎界隈は京都有数の文化ゾーンとなっていますが、平安時代の末期ごろには、白河と呼ばれていて、白河上皇が院政を執った場所として隆盛を誇っていたと伝わっています。

白河上皇は譲り受けた別荘地にお寺を造営し『法勝寺』と名付けました。

この『法勝寺』には、五大堂や金堂、阿弥陀堂や講堂などが建ち並び、広大な寺域を誇っていたようです。

そしてこの『法勝寺』には永保三年（一〇八三年）、八十メートルもの高さを誇る八角九重塔が建設され、界隈のランドマークになっていました。

『東寺』の五重塔は高さが五十五メートルですから、八十メートルの高さの九重塔は突出した高さだっただろうと思います。

そして驚くことに、この界隈にあったお寺は『法勝寺』だけではなく、〈勝〉という字が付くお寺が六つもあって、それらを総称して〈六勝寺〉と呼ばれていたそうなのです。

京都市動物園とその北部一帯が『法勝寺』、京都ロームシアターとその西一帯が『尊勝寺』、平安神宮とその南一帯が『最勝寺』、京都市京セラ美術館一帯が『円勝寺』、京都国立近代美術館一帯が『成勝寺』、みやこめっせ一帯が『延勝寺』と言われ、立派な伽藍が建ち並んでいたといいます。

これらのお寺は御願寺《ごがんじ》と呼ばれる寺院で、平安時代の終わりごろ、一〇七七年から一一四九年に掛けて創建されました。御願寺とは天皇や女院の発願によって建立されたお寺の総称で、皇室の私寺として営まれ、天皇譲位後の居所ともなったとされています。

『法勝寺』は白河天皇、『尊勝寺』は堀河天皇、『最勝寺』は鳥羽天皇、『円勝寺』は待賢門院璋子、『成勝寺』は崇徳天皇、『延勝寺』は近衛天皇と、それぞれの皇族の御願によって建立されました。しかしながら鎌倉時代に入ってから承久の乱などによって、すべて廃絶してしまいました。

『法勝寺』の八角九重塔だけではありません。かつて京都にはそれよりさらに高い塔がありました。もちろん今では影も形もありませんが、しっかり地名に残っているのです。

「京都御苑」の北、同志社大学のキャンパスのさらに北に広大な敷地を誇る名刹『相国寺』があります。

先に『万寿寺』を京都五山のひとつに数えられていたと書きましたが、『相国寺』もその京都五山のひとつです。

京都五山というのは、臨済宗のお寺の格を示したもので、別格とされる『南禅寺』とともに格付けされた京都にある五つの禅寺のことを言います。鎌倉時代の終わりごろに定められたようですが、五つが確定したのは室町時代になってからだと伝わっています。

第一位が『天竜寺』、第二位が『相国寺』、第三位が『建仁寺』、第四位が『東福寺』、第五位が『万寿寺』という順位でした。

ひとはみな平等、というのが仏教の教えのような気がしますが、なぜお寺に順位を付けたのか、これもひとつのなぞですね。

それはさておき、第二位の『相国寺』は室町幕府の三代将軍である足利義満が、自らの修行のためと称して、〈花の御所〉と呼ばれていたお屋敷の東側に建立した禅寺です。

今も広い寺域に堂々たる伽藍を構え、多くの塔頭を擁する立派な寺院で、あの『金閣寺』も『銀閣寺』も山外塔頭だというのですから、いかに格式の高さを誇るお寺かということが分かりますね。

それほどの有名寺院ですから、ランドマークとしての塔を建てようとするのは、当然のことだったのでしょう。義満は自らの厄年に合わせ、応永六年（一三九九年）に『相国寺』の東南の一角に七重塔を建立しました。

なんとその高さは三十六丈と言いますから、一〇九メートルもの高さがあったわけです。『東寺』の五重塔が五十五メートルですから、およそその二倍の高さの塔が今から七百年近くも前に建ったわけです。

きっと誰もが驚いたでしょうね。二十一世紀の今、京都でもっとも高い建造物は『ニデック京都タワー』で、その高さは一三一メートルなので、それに近い高さの塔が『京都御苑』の北側に建っていたというのは驚きでしかありません。

しかしながらこの七重塔は、応永十年と言いますから建立からわずか四年後に、落雷によって炎上してしまいます。その後、場所を北山のほうに移して再建しましたが、応永三十二年のお正月にまたしても炎上してしまいました。

それでもあきらめ切れなかったのか、再び『相国寺』東南の、以前の場所に戻されて再建されました。

そして文明二年（一四七〇年）に三度目の火災であっけなく焼失してしまったそうです。

その間およそ七十年にわたって、七重塔が京都御所の北側に建っていたのですから、一度は見てみたかったですね。

塔は消えましたが、地名にはしっかり〈塔〉の字が残っています。

塔があったとおぼしき場所には〈塔之段通〉という通りの名があり、近辺には〈上塔之段町〉、〈下塔之段町〉というふたつの町名が残っています。

地名に名を残すほど立派なお寺や建造物であっても、あっけなく消えてしまう。それは歴史の必然だとしても、一抹の寂しさを感じてしまいます。

それはひともおなじで、平家物語に例を引くまでもなく、隆盛と衰退を繰りかえすことで歴史が成り立っているのです。消えたお寺のありし日の姿を思い浮かべながら、京の街を散策するのも歴史の長い都ならではのことだろうと思います。

洋食の店「吉長亭」

万寿寺通のひと筋北は松原通です。その松原通を少し北に上った西洞院通にむかしながらの洋食屋さんがあって、かつてはこの辺りまで『万寿寺』の境内が広がっていたと伝わっていますから、かなり広大な寺域を持つお寺だったのでしょうね。

そんなところに思いを馳せながらお店に入ります。お店の名前は「ヨシチョウテイ」と読みますが、四人掛けのテーブル席が五つほどという小さな洋食屋さんです。

座り心地のいいソファチェアに腰かけ、かわいい柄のテーブルクロスが掛かったテーブルでメニューを広げるのは、心浮き立つランチタイムです。

スペシャルランチを筆頭に、Aランチ、Bランチと洋食屋さんらしいランチメニューが並んでいるのもうれしいですね。ほかにもハヤシライス、カレーライス、トンカツライスと目移り必至のメニューが並び、さてなにを食べようかと迷いに迷ったあげく、結局はスペシャルランチに落ち着くというのがいつものパターンです。

ハンバーグに海老フライ、とんかつと目玉焼き、ハムとサラダ。まさに王道を往く洋食メニューのオンパレードに思わず笑みがもれてしまいます。

洋皿に盛られたライスにおかずをオンしてお箸で口に運ぶ。やっぱり洋食はいいですね。

カフェ・キューブとカフェ・ド・ゴマルゴ

かつては大きなお寺が建ち並んでいた岡崎界隈は、今では緑多い公園となっていて、そのあいだを縫うように、公共施設が点在しています。

独立したお店も少なくありませんが、施設に付属したカフェも増えてきて、いっぷくする場所には事欠きません。

最近はあちこちの美術館にカフェやレストランが併設されていて、展覧会のあとさきに利用することが多く、とりわけ岡崎の『細見美術館』の地下にある『カフェ・キューブ』はお気に入りの一軒です。

オープンスペースは街かどのカフェにも似た空気が流れていて、パスタやピザのコースをワインとともに愉しみながら展観を語り合うという、いくらかアカデミックな雰囲気に浸れます。

美術館の地下というロケーションもいいですし、朝十時半から夕方五時まで通し営業というのもありがたいです。

もう一軒のお奨めは『京都国立近代美術館』に併設されている『カフェ・ド・ゴマル

ゴ』です。

琳派をはじめとして日本の古美術をおもに展観する『細見美術館』とは対称的に、『京都国立近代美術館』は、近代と名が付くとおり、モダンアートと呼ばれる近代美術をおもに展観していますが、先年〈京都画壇の青春〉と題して、明治以降の京都画壇の作品を展観するなど、京都らしい変化球を見せてくれるのも愉しみのひとつです。

店内で製麺している生パスタ

そんな美術館の一階にあるのが『カフェ・ド・ゴマルゴ』。琵琶湖疏水に面したガラス張りのカフェは、実に気持ちのいい空間で、京都にはめずらしいオープンテラスも併設されていて、岡崎散歩のおやすみ処としては貴重な存在です。
こちらも朝十時から夜六時までの通し営業で、遅めのランチや早めのディナーにも利用できます。
お店のなかで自家製麺しているという生パスタがお奨め。特注のお皿に盛られているので、最後まで熱々を食べられるのもうれしいところです。

パスタのほかにもサンドイッチや〈ゆばカレー〉といった軽食メニュー、みつ豆や和菓子セットなどのスイーツもあって、いつも賑わっています。

古くはお寺だらけだったということが信じられないほど、緑あふれる水辺のカフェは軽やかな空気を醸しだしています。

相国寺東門　田舎亭

『相国寺』には南側の総門のほかにも出入り口があって、東側には東門があります。かつて七重塔が建っていたのは、もう少し総門寄りの南側だったようです。

その東門から上立売通を東へ進むと、南北の四筋目が〈塔之段通〉ですから、この辺りが七重塔へと続く道筋だったのでしょう。

その途中、三筋目の北西角に建つのが『相国寺東門　田舎亭』という蕎麦屋さんです。『田舎亭』というお店はかつて河原町今出川近くにあって、常連客の多い人気店だったのですが、惜しまれつつ先年お店を閉め、この場所に移転開業したというわけです。

元はふつうのお家だったのでしょう。玄関先で靴を脱いでお座敷に上がりこむスタイル

田舎亭の庭園

のお店です。
かけ蕎麦やざる蕎麦、天ぷら蕎麦といったオーソドックスな蕎麦類はうどんにも変えられ、きつね丼や木ノ葉丼、天丼などの丼メニューもあります。
手入れのよく行き届いた庭園ごしに、かつては七重塔が顔をのぞかせていたかもしれない。そんな想像をしながら、京都ならではのお出汁のきいた蕎麦をたぐるのも粋なものです。

5　なぜ京都には不思議な地名が多いのか

京都の街を歩いていると、時折り不思議な地名や町名に出会います。

たとえば京都市営地下鉄東西線の西の端、太秦天神川駅から地上に出て、すぐ目の前の交差点に掲げられた標識を見て、京都をよく知る方なら決まって首をかしげるでしょう。〈三条御池〉と記されているからです。

姉三六角蛸錦とわらべ歌にも歌われているように、御池通も三条通も東西、すなわちどちらも横の通りですから、両者が交わることなどないはずなのです。

いったいなぜ？　なぞですね。

なぞ解きをすれば、実にかんたんな話で、碁盤の目をはずれると、通りがカーブしたり斜交したりして、不規則になるからです。

三条御池の場合は、ほぼ真っすぐ西に向かう御池通に対して、三条通は西大路通を越えて、葛野《かどの》大路通から急に北西へとカーブを切り始め、やがて御池通と交差してしまったというわけです。

おなじ右京区の〈西院〉という地名もなぞに包まれています。

西大路通と四条通が交差する地点は、交通標識こそ西大路四条となっていますが、京都のひとはみな〈西院〉と呼ぶ習慣が染みついています。

さらにその〈西院〉も、サイインと呼ぶひとも居れば、サイと呼ぶひとも居るのですが、京言葉的にはサインと呼ぶのが一般的だというのですから、いったいなにがどうなっているのやら。

そもそも〈西院〉というのは、淳和天皇が退位したあと、後院となった淳和院の別称のようです。

院の崩御後皇太后がここを尼寺として西大路四条のすぐ北にあったと言われ、これが〈西院〉という地名の謂《いわ》れだろうと思われます。

西大路四条には阪急電鉄京都線の駅がありますが、ここは〈サイイン〉駅と呼んでいます。しかし嵐電の駅のほうは〈サイ〉駅です。

サイインと読むほうがふつうだと思うのですが、サイと読むのは実は賽《さい》の河原から来ているとも言われているのです。

西大路四条から南へ進むと、桂川の左比河原と呼ばれる葬送地に行き着く、道祖《さい》大路が通っていることから、あの世との境界を守護する〈賽の神〉のサエが転じてサイと読むようになったという説もあります。

おなじ西大路通を北へ上った、西大路丸太町もまた、通りの名前ではなく、通称とも言える〈円町《えんまち》〉という地名で呼ばれています。

〈西院〉の場合は、標識は西大路四条となっていましたが、こちらのほうは標識も〈円町〉と記されていて、西大路丸太町という表記はどこにも見当たりません。

なぜ〈円町〉なのでしょう。

〈円町〉と書けば、お金の単位か、まるい形や、満ち足りたなどという穏やかなイメージがありますが、元は圓町と書き、まったく別の意味を持っていたのです。

圓という字は、囚人の囚とおなじ意味を持っていると言われていますが、この辺りにはかつて囚人を集めた獄舎があったのです。

京都の東の端には粟田口刑場、西の端の今の円町辺りには西土手刑場があり、囚われの身のひとが多く集められていました。〈円町〉という地名はそのことを意味しているわけです。

西大路通はどうやら変則的な交差点名が多いようで、今出川も同様です。

ふつうなら西大路今出川となるはずが、北野白梅町と名付けられています。

こちらは少しでも京都のことをご存じの方なら推測できると思いますが、北野は第一章でご紹介した天神さん、『北野天満宮』のことで、白梅町は道真公ゆかりの梅にちなんだ町名から名付けられたものです。ちなみに北野白梅町という町名はなく、北野上白梅町、北野下白梅町のふたつに分けられています。

いずれにせよ、西大路今出川の交差点は『北野天満宮』から少しばかり西にずれているのですが、それでも交差点名になるほどのランドマークなのだということがよく分かりますね。

京都の地名の多くは、縦の通りと横の通りを合わせることで呼んでいますが、場所によっては、その地の歴史を今に残すように言い表すことがあります。

〈西院〉という地名から賽の河原、〈円町〉から刑場にはなかなか行き着かないのですが、なぜ？　という疑問を持ち、調べてみるとその意が分かる、というのが京都の地名のおもしろさです。

何丁目という呼び方をしないのが一般的な京都の地名ですが、たまに例外があります。そのひとつが、堀川松原を東へ入った辺りにある天使《てんし》突抜《つきぬけ》。東中筋通の松原通の少し南、万寿寺通辺りまでが天使突抜一丁目。おなじ東中筋通の五条通の北辺りまでが天使突抜二丁目。おなじ通りの五条通から楊梅《ようばい》通までが天使突抜三丁目。六条通までが天使突抜四丁目と、東中筋通の両側、松原通辺りから六条通までのかなり広い地域に天使突抜という地名が付いています。

天使という清らかなイメージの言葉とは不似合いな、突抜という言葉が合わさった地名には、政に翻弄された都人の複雑な思いが込められているのです。

天使突抜一丁目のすぐ東に『五條天神《てんしん》社』という神社が建っていますが、天使というのはこの神社のことなのです。

七九四年、平安京が置かれたのとほぼ同時に、大和国の宇陀郡から天神《あまつかみ》を勧請して創建したのが始まりとされています。当初は〈天使社〉とも〈天使の宮〉とも呼ばれていたのですが、後鳥羽天皇のときに〈五條天神宮〉と名を改めたようです。

ちなみに五條というのは今の松原通のことで、五條通は豊臣秀吉によって南に移転させられ、今に至っています。つまりむかしの五條通は今の松原通なので、牛若丸と弁慶が戦った五條の橋は、松原橋のことなのです。

そんなややこしいことになったのは、天正の地割という京都改造計画を実施した秀吉のせいですが、天使突抜という地名はまさにその秀吉の行いに対して、町衆たちが皮肉を込めて名付けたものだと言われています。

古く『五條天神社』は今の天使突抜一丁目から四丁目にあたる土地を有していて、広大な境内を誇っていました。

秀吉はしかしその広い境内が南北の行き来を妨げ、両地域の繁栄を妨げていると考え、境内を南北に貫く通りを造ったのです。それが今の東中筋通だと思われ、天使の宮を分断し、通りを突抜けさせるとはなんたる横暴、と憤った町衆たちが、いつしか天使突抜と呼ぶようになったと言われています。

西院春日神社

西院の交差点から少し北西に歩いた辺りにある『西院春日神社』は、西院という地名の元となった淳和院ゆかりの社として知られています。

淳和天皇の皇女である崇子《たかこ》内親王が、今で言う天然痘、疱瘡《ほうそう》に掛かってしまいました。当時は極めて死亡率の高い病気でしたが、この神社で祈禱《きとう》したところ、立ちどころに快癒したと言われ、それ以来厄除けの神として皇室の崇拝を集めているようです。

崇子内親王の疱瘡を治したという霊石〈疱瘡石〉が残されていて、毎月一日と十一日、十五日の三日間だけですが、本殿の中門で公開されています。難病を患っているひとや、厄年にあたるひとなど、さまざまな悩みを抱えたひとたちが参拝されるようです。

この神社にはもうひとつ、信仰をあつめている石があり、それは梛石《なぎ》と呼ばれています。

神木とされている梛の木の下に安置されていて、撫でてお参りすると厄除けのご利益があると伝わっています。

梛の木は、葉の葉脈が縦に走っていて、引っ張っても容易に切ることができず、丈夫な葉っぱであることから、縁が切れない、縁を結べる、につながる縁起のよい木と言われているそうです。

境内には『西院還来《もどろき》神社』が建っていて、こちらは旅行、道中の安全守護として崇拝を集めています。

八七四年、淳和院が火災に遭った際、淳和天皇の皇后の御殿にも火の手が及びましたが、神の加護によって無事に逃げ延び、再び焼失をまぬかれた御殿に戻ることができた事から、〈もどろき〉の神を祀るようになったと伝わっています。

今でも天皇皇后両陛下をはじめ、皇族方が海外へ行幸啓されるときには、安全祈願が行われているそうです。

もちろん皇族でなくても、すべての人々が無事に〈もどろき〉できるように守ってくださいますから、旅に出る前にはお参りしておきたいものです。

この『西院春日神社』、春日神社と名が付いているように、藤原氏の氏社にあたります。平安時代にはいかに藤原氏と皇族の強いつながりがあったかをこの神社が伝えています。

春日神社の神の使いは鹿ですから、『西院春日神社』にも鹿の像や灯籠に鹿が彫られています。ひょっとしてほんものの鹿もいるのでは、と思って見まわしてみましたが、鳴き声すら聞こえませんでした。

とんかつ＆ステーキ岡田

円町の交差点から西大路通を南に下り、ガード下をくぐって三筋目を西へ入ってすぐ、〈とんかつ＆ステーキ〉と書かれたオレンジ色のスタンド看板が右手に見えます。その書体からして、すでにおいしそうなのです。

円町界隈を探索していて、この看板が目に入ってきた瞬間、迷うことなくドアを開けていました。

理想的なとんかつ

奥に長く延びる店に入って右側がテーブル席で、左側がカウンター席になっています。

店名にはステーキとありますが、お昼はとんかつやハンバーグ、エビフライなどの洋食がメインのようです。

文字通りの看板メニューであるとんかつ定食は、しっかりとボリュームもあり、手作り感が伝わってくる料理で、わざわざ足を運んでも後悔しない理想的なとんかつです。

やたら分厚いとんかつをレア気味に揚げる近ごろの流行りと違い、頃合いの揚げ加減で出てくるのも嬉しい限りです。ご飯も味噌汁も、添えられた漬物もすべておいしいとんかつ定食。円町界隈散策の際にはぜひ。

6　なぜ京都には難読地名が多いのか

京都には、どう読めばいいのか皆目見当もつかないような地名がたくさんあります。それらにはその元となった由来があり、それをひもとくことで、京都の歴史が分かるということも少なくありません。

たとえば太秦。京都以外の方にはなかなか読み辛いでしょうが、京都人ならたいてい読めます。ウズマサです。

ＪＲ嵯峨野山陰線には太秦、嵐電には太秦広隆寺という駅がありますし、東映太秦映画村というテーマパークは有名ですから、京都では比較的知名度の高い地名です。

洛中と嵐山嵯峨野を結ぶ途中にある太秦近辺は、渡来民族である秦氏《はた》の一族が住み着き、一大集落を築いた場所です。

秦氏は朝廷へ税を納める代わりに、絹をはじめとした布を献上し、それらをうず高く積み上げていたことから、兎豆満佐という姓を朝廷から与えられたとされています。

それが転訛して、拠点を表す〈太〉という漢字を当てはめ、秦氏の拠点を意味する、太秦になったという説が残されています。

嵐電は京都難読地名の宝庫と言われていて、太秦広隆寺をはさむふたつの駅もまた、ふつうには読めないだろうと思います。

太秦広隆寺の手前、東隣の駅は蚕ノ社。カイコノヤシロと読みます。

正式名称『木嶋坐天照御魂神社《このしまにますあまてるみたまじんじゃ》』。通称『木嶋神社』の別名を〈蚕ノ社〉と呼ぶことから付いた地名です。

太秦界隈は養蚕技術に秀でていた秦氏一族の居住地であり、秦氏がこの神社の境内に〈養蚕神社〉を祀ったことから、〈蚕の社〉といわれるようになったと伝わっています。

いかにこの界隈で秦氏一族が活躍し、影響力を強めていたかが分かりますね。

太秦広隆寺駅の西隣は帷子ノ辻という駅。これも知らないと絶対に読めない地名です。

カタビラノツジ。これは秦氏とは関係なく、平安時代初期、嵯峨天皇のころの逸話から生まれた地名です。

嵯峨天皇の皇后、橘嘉智子は仏教を篤く信仰し、檀林寺を建立したことから〈檀林皇后〉と呼ばれていました。そして修行中の僧侶でさえも恋焦がれるほどの美貌の持ち主だったことは、檀林皇后にとって憂い以外の何ものでもなかったといいます。

そこで仏教の根本理念である〈諸行無常〉を身をもって示すべく、死に臨んでは埋葬することなく、どこかの辻に打ち棄てよと遺言したのです。

その遺言どおり皇后の遺体は辻に遺棄され、醜く無残な姿で横たわり、やがて白骨となって朽ち果てました。

その辻がいつしか帷子ノ辻と呼ばれるようになったのは、経帷子と呼ばれる皇后の死装束が白骨を覆っていたからだと言われていますが、一説では皇后の棺を覆っていた帷子と呼ばれる絹布が、風によって吹き飛ばされ、この辻の辺りに舞い落ちたから、ともされています。

右京一帯で勢力を拡大した秦氏一族、晩年を嵯峨『大覚寺』の前身である〈嵯峨院〉で暮らした嵯峨天皇。歴史に名を残したひとたちの足跡が今も地名として残り、たとえ難しい読みであっても、その地名を守り続ける。それが京都という街なのです。

開花

太秦界隈には日本を代表する映画撮影所があるので、おいしいお店が目白押しです。

俳優さんをはじめ、映画関係者は撮影が長期に及ぶこともあって、おいしいお店を探しだすのが得意なようです。夜は祇園や先斗町《ぽんとちょう》などの花街へ繰り出すことも少なくないようですが、昼は休憩時間を利用して太秦近辺のお店でランチを摂ります。

せっかくなので京都らしい食を、となりますから、口が肥えた映画関係者御用達のお店は、観光客の方にも安心してお奨めできるのです。

嵐電の撮影所前駅から歩いて一分ほどの便利な場所に建っているのが『開花』。京都中華の流れを汲む広東料理のお店です。

『開花』と書いてカイホウと読みます。

テーブル席のほかにカウンター席もありますから、ひとりでも気軽に入れます。

焼売や春巻き、焼き飯にやきそばなど、京都中華でおなじみのメニューが手ごろな価格で味わえるお店です。

ぼくのお奨めはわんたんスープ。作るのに手間がかかるせいか、近ごろはあまり見かけなくなりましたが、広東料理を代表するメニューはあっさりと胃にやさしいので、ぜひ味わってみてください。

蛇塚古墳

難読地名めぐりで太秦を訪れたら、ぜひ足を運んでほしい所があります。

嵐電の帷子ノ辻駅から南へ。大映通り商店街を越え、松竹京都映画を経てさらに南へ歩いた住宅街のなかに、忽然と姿を現すのが『蛇塚古墳』です。

京都と古墳。似合っているような、似合っていないような、不思議な取り合わせのせいか、その存在はあまり知られていません。

まさかこんな場所に、と誰もが意外に思うロケーションにある『蛇塚古墳』は国の史跡にも指定されている前方後円墳です。

きっと元はもっと巨大な墳墓だったのでしょう。今は露出した石室だけが残っている古墳です。

かつては京都府で最大規模の横穴式石室を有する前方後円墳も、時の流れとともに風化が進み、残念ながら墳丘封土は失われてしまいました。

意外に思われるかもしれませんが、嵯峨野一帯にはこの『蛇塚古墳』のほかに、『天塚《あまつか》古墳』や『垂箕山《たるみやま》古墳』などの古墳が残っています。

六世紀の後半から七世紀のはじめごろに築造されたと推測される、これらの古墳には秦氏一族が関わっていたのではと言われています。

この『蛇塚古墳』は築造された当初、長さが約七十五メートル、後円部の直径が約四十五メートルもの墳丘があったとされ、太秦、嵯峨野地域の古墳としては、最大級のものでした。

では『蛇塚古墳』は誰のお墓だったのか。

なぞのままですが、宮内庁が管理していないことから推しはかれば、少なくとも天皇家ではないようです。

となれば秦氏の一族の誰か、と推測されますが、聖徳太子のブレーンとして活躍し、のちの『広隆寺』となる、〈蜂岡寺〉を太秦に創建した秦河勝が有力視されています。

難読地名を残しただけではなく、古墳まで残していた秦一族が京都に大きな影響を与えて来たことがよく分かります。

第三章
街かどと習わしのなぞを解く

1　京都人はほんとうにイケズなのか

京都人＝イケズという図式が定着し始めたのはいつごろのことでしょうか。それほど古いことではないように思いますが、今や京都人と言えばイケズ、というイメージが多くの人々に刻み込まれています。

いけずという言葉は通常意地悪という意で使われますから、京都人は意地悪な性格だとされているのです。

おなじ関西人でも大阪人は親しみやすく、神戸人はおしゃれだと、好意的に表現されるのになぜ京都人は意地悪と見られるのでしょうか。そこには京都が長いあいだ辿ってきた歴史がかかわっているのです。

平安京が置かれて以来千年を超える長いあいだ、京都は都として日本の中心でした。古今東西、首都には多くの人々が行き交い、幾度も戦乱が起こり、敵味方に分かれての攻防が繰り広げられてきましたが、京の都も例外ではありませんでした。

当然のことながら都人も戦に巻き込まれ、少なからぬ被害をこうむることになります。それを最小限にとどめるためには、中立を保つのが最良の策だったのです。それゆえ外から都に入ってくるひとたちに対して、用心深くならざるを得なかったのです。

一定の距離を置き、敵でも味方でもないというあいまいなスタンスを保ち、しかし絶えずバリヤーを設け、侵されないように身をかたくする。こういう姿勢がときにイケズというふうに見られたのでしょうね。

バリヤーの典型は京言葉です。婉曲なもの言いに終始し、相手に本心を見透かされないようにするのが京言葉です。それはおそらく平安京のころのお公家さんたちから始まったのだろうと推測します。

身分の上下を問わず、多くの人々と接するなかで、どういう言葉を使えば傷つかずに済むか、を工夫してきた結果が今の京言葉につながっているのです。

ここでたいせつなことは、自分が傷つかないだけでなく、相手も傷つけずに済む言い回しを選んできたというスタンスです。

時として言葉は鋭い剣になり、しばしば傷つけあうことになりますが、ただでさえひととひとの接触が多い都で、言葉まで本音をぶつけあえば諍《いさか》いが絶えることはないでしょう。そこで生まれたのが互いを傷つけあわないように設けるバリヤーなのです。

一例を挙げましょう。京都人がよく使う言葉は「よろしいな」です。

街かどで知り合いにばったり会ったとき。

「お出かけですか？」

「ちょっとそこまで」

「よろしいな。わたしもどす」

街かどにあるいけず石

「よろしおすな」
こんな会話を交わします。何ひとつ具体的なことを言ってないのに、互いに「よろしいな」と言葉を掛け合って別れる。冷淡な間柄だと思われがちですが、あたりさわりのない言葉は傷つけ合わずに済ませる方策なのです。

これを言葉ではなく目に見える形で表したのが、俗に〈いけず石〉と呼ばれるものです。

〈いけず石〉とは、京都の狭い路地や曲がり角に建っている民家の角や塀の端に置かれている石のことを言いますが、これをして京都人のいけず心の表れだと言われています。

石で通行を妨げてまで、自分の家の壁や塀が傷つかないようにするのは、京都人がいけずだという証明だとされていますが、これを京言葉と対比させると、違ったふうに見えてくると思います。

碁盤の目状になった京都の道は細く、直角になったところも少なくありません。ここを通る車が民家に接触して物損事故を起こせばトラブルになるので、それを事前に防ぐためにと目印として置かれたのが〈いけず石〉の本意です。被害者も加害者もどちらも出さないためのものなのです。

これは昨日今日はじまったものではなく、古く平安時代に往来していた荷車や牛車から家を守るために玄関先や敷地の角に石を置く習わしがあったというのですから、ある意味で京都の伝統的風習でもあります。

おなじような目的で設えられているのが犬矢来。花街や古い町家の軒下に設けられたアーチ状の垣根を犬矢来と言い、犬や猫の放尿から壁を守るために造られています。

これもまた古くからあり、牛車や馬、荷車などが跳ねた泥水で壁を傷つけないようにするためのものが始まりとされています。

トラブルが起こる前に、未然に防ぐための言葉や仕掛けは京都人が編みだした知恵で、意地悪とは意味が違うのだということを理解すると、京都旅がよりいっそう愉しくなるでしょう。

京都五花街といけず石には美食がつきもの

いけず石や犬矢来は、京都の街なかのあちこちで見られますので、探すというより、あてもなくふらついているうちに見つかった、という感じになるかと思います。

あちこちで見かけますが、出現率が高いのは花街だろうと思います。

京都五花街といって、京都には五つの花街があります。

祇園甲部、宮川町、先斗町、上七軒、祇園東がその五つです。もうひとつ、島原という花街もあったのですが、昭和の終わりごろになって組合から脱退したので、現在は五花街とされています。ただ、実態としては六つあるということになります。

そんな花街には古くからの風習が残っているとともに、おいしいお店も少なくありません。

花街洋食とも称されてきた洋食屋さんもそのひとつです。

もうひとついけず石の出現率が高いのは住宅街です。京都でも有数の高級住宅街である下鴨地区では、細道の角などでしばしばいけず石を見かけます。そしてそんな住宅街にもおいしいお店があるのです。

グリル富久屋

洋食弁当

五花街のひとつ宮川町にある『グリル富久屋』は、創業百年を超える老舗洋食店兼喫茶店ですが、その発祥はミルクホールだったそうです。

ミルクホールというのは、明治時代の中ごろから大正時代に掛けて流行った飲食店で、牛乳と軽食がおもなメニューだったため、そう呼ばれたようです。当時としてはハイカラな存在だったのでしょう。京都にも何軒かあったそうですが、この『グリル富久屋』はどことなくそんな空気を今に残しています。

お店の名物は〈フクヤライス〉。七十年以上も前に宮川町の舞妓さんのリクエストで生まれたメニューだと伝わっています。

お花畑を思わせるビジュアルで人気のオムライスのほかに、ぼくのお奨めは〈洋食弁当（並）〉です。

楕円形のお弁当は三つに区切られ、ひとつはご飯、もうひとつはハンバーグ、そして一番大きな区画は揚げ物尽くし。海老フライが二尾、ヒレカツがふた切れ、白身魚のフリットがお弁当箱から溢れんばかりに盛られています。お味噌汁が付いてくるのも、いかにも花街の洋食屋さんらしいところです。いつまでも続けてほしい店の筆頭です。

うまいもんや　こむ

下鴨地域は高級住宅街であると同時に、公共施設の多い場所としても知られていますので、観光客の方でも訪れる方は少なくありません。

四季折々の草花が目を癒やしてくれる『京都府立植物園』や、クラシック音楽を中心とした音楽で耳を癒やしてくれる『京都コンサートホール』。さまざまな京都の資料を有し、頭を鍛えてくれる『京都府立京都学・歴彩館』など、いくつもの公共施設が集まる、地下鉄烏丸線北山駅周辺はよく整備された街並みで、散歩コースとしても知られています。

そんな界隈には多くの飲食店がありますが、ぼくのお奨めは『うまいもんや　こむ』というレストラン。

京都にはめずらしい軽やかな店名が表すように、ジャンルを問わずおいしい料理が気軽に食べられるお店です。

北山駅から歩いて一分も掛からない便利な場所にあって、席数も多いので使い勝手がいいレストラン。手軽なランチもありますが、ぼくのお奨めは夜の寿司カウンター。目の前で板前さんが握ってくれるお寿司はもちろん、和洋中さまざまな料理をお酒とともに愉しむことができます。

とにかくメニューが豊富なのが一番の特徴です。定番のメニューブックだけでも目移り必至なのですが、その日のお奨めメニューが書かれた別紙の品書きもあって、なにを食べようかといつも迷います。

釣り好きで知られるオーナーの釣果もしばしばメニューに上り、近郊の野菜やご近所の豆腐などとともに、老若男女あらゆる客の舌を喜ばせています。

このお店で食事をすれば、京都人＝いけず、という図式はいっぺんに払拭されるだろうと思います。

2　鬼門除けのなぞ

京都の街かどを歩いていると、時折り不思議なものを見かけます。住宅街でもビジネス街でも、家やビルの敷地の角に、白石や白砂が敷かれた正方形の小さな区画があります。たいていは四十五センチ四方ほどの小さなものですが、あちこちにあるので目に付きます。

なんの目的で作られているかと言えば、これは鬼門除けになっているのです。鬼門とは文字通り鬼がやってくる方向で、丑寅《うしとら》、すなわち北東を言います。節分の日に豆で追い払う、あの鬼は北東からやってくるというのが定説になっています。京都以外のところでは、鬼の存在を意識するのは節分だけでしょうが、京都ではずっと鬼の来襲を畏れているのです。もちろん鬼と言うのはありとあらゆる災厄の象徴です。疫病や天災などから身を守るという意味も含めて、鬼門除けを施しているのです。

ただこのスタイルの鬼門除けは、さほど古いものではなく、むしろ近年の流行ではないかと思っています。

白砂や白石で鬼門を浄めて鬼が近づかないようにするという仕掛けですが、鬼門の角をなかったことにする、という意味合いも兼ねていて、この基となっているのは京都御苑の猿が辻です。

長方形の敷地を持つ京都御所は四方を築地塀で囲まれているのですが、丑寅の方角、すなわち北東の角だけが切り取られたようにへこんでいて、角がないのです。角がないので鬼が入ってくる余地がないというわけです。

神の遣いとされる猿が御幣をかついで塀の上に鎮座し、鬼がやってこないように監視していることから、この辺りを猿が辻と呼んでいるのですが、猿がときどき悪さをするので金網のなかに閉じ込めてあるとも言われています。

なぜ猿かと言えば、魔が去る、というシャレだと言われているので、あまり説得力がないように思えますが、猿が辻からすぐ北に建つ『幸神社《さいのかみのやしろ》』には、左甚五郎作と言われるおなじ猿が祀られていますし、京都ぜんたいの鬼門封じで知られる『赤山禅院《せきざんぜんいん》』にもおなじ形式の猿がいますから、シャレ言葉だからと言って軽視はできないようです。

鬼門をなきものにしてしまうスタイルより前から、京の鬼門除けとして定着しているのは、東北の角に柊や南天の木を植えるという仕掛けです。

柊の木はそのギザギザの葉っぱが鬼の目を刺して退散させると言われ、南天は難を転じる、という語呂合わせから来ていると伝わっています。魔が去る、とおなじくですが、平易な言い回しで子どもにも分かるように、ということかもしれませんね。

と、鬼に象徴される災厄がやってくるのは丑寅の方角、すなわち北東であるということで話を進めていますが、なぜ丑寅の方角を鬼門と定めたのか、ということについては明確な答えが見当たりません。

中国の陰陽五行という説をはじめとする思想が組み合わさって，鬼が出入りするとして忌み嫌われた方角。たいていの辞書ではそう説明されていますが、その根拠にまでは触れていません。なぞですね。なぞ解きにチャレンジしてみました。

第二章の地名のなぞときで左京と右京の話を書きましたが、そのなかで〈君子は南面す〉という言葉を使ってなぞ解きをしました。鬼門の方角を丑寅にしたのは、このことと関係があるのではないかと推論してみました。

君子、すなわち天皇は鬼に狙われる存在だったはずです。きっとそれを畏れて今で言うSPが警護していたでしょう。それでもたとえば矢が飛んできて天皇を襲うかもしれません。もっとも畏れたのは致命傷を負わされることだったと推測します。

天皇が大内裏のなかで座っておられたとして、南を向いているわけですから鬼は背後から、すなわち北側から襲ってくるでしょう。そこで矢を放つとして狙うなら心臓ですね。となると、左後方から襲うのではないでしょうか。それが北東、つまり丑寅の方角だという説はどうでしょう。少なくとも魔が去るや難を転じる、という語呂合わせよりは説得力があると思うのですが。

その丑寅の方角を大内裏から辿っていくと、やがて比叡山に行き当たります。というわけで、比叡山『延暦寺』こそが京都最強の鬼門封じだと言われています。近江との境にそびえる深い山ですから、鬼が潜んでいても不思議ではありませんね。

表があれば裏があります。北東の表鬼門に対して南西の方角を裏鬼門と呼び、そこに配されたのが『石清水八幡宮』。裏鬼門を守護しています。

こうして京都の街は鬼門封じを張り巡らせているのですが、その思想は江戸にも受け継がれています。

江戸時代の僧侶、天海和尚は徳川家康の知恵袋として活躍し、延暦寺の復興にも貢献しましたが、江戸の町造りにもかかわり、表鬼門として上野山に『東叡山寛永寺』、裏鬼門には『日枝神社』を配しました。東叡山は東の比叡山という意で、比叡山の代わりに『寛永寺』を鬼門封じとしたのです。

子どものころに鬼門のことを教わり、ほんとうに北東の方向から鬼がやってくるのではないかと、比叡山のほうを見上げてびくびくしていたことを思いだします。

鬼門と言っても、ただの迷信というか民間信仰のひとつだと分かってくるのですが、さらにその先には、自然を畏怖し、ひとがおごり高ぶることを戒める意味があるのだと気付くのは、もっと齢を重ねてからのことです。

鬼というのはひとつの象徴であって、人間の力が及ばない自然や天災などをひっくるめて、絶えず用心せよという教えなのだと気付けば、先人たちの深い洞察力とユーモアに感心せざるを得ません。

鬼の絵というと、きまって虎の皮の下穿きをはき、牛のような角を二本生やしているのですが、鬼というわりには愛らしい姿だなと子どものころから不思議に思っていました。あれはどうやら鬼門の方角に合わせたものだと知って、ニヤリと笑ってしまいました。鬼門の方角は丑寅の方向でしたね。その丑の角と寅の皮を合わせることで、鬼門の方角を覚えさせたというわけです。ほほえましい話ですね。

鬼門除けというと、先のいけず石などとおなじで、花街や西陣界隈に多く見られるかと言えば、まったくそうではなくて、ビジネス街のビルや住宅街のふつうの民家に設えられていることも少なくありません。

ぼくの本拠地である北区紫竹界隈は、典型的な住宅街ですが、歩いているとあちこちに仕掛けられた鬼門除けが目に入ってきます。南天と柊の木がセットで植えられていたり、敷地の東北角に白石が敷き詰められていたり。新しい家の前に三輪車が置いてありますから、きっと若いご家族がお住まいなのだと思いますが、ちゃんと鬼門除けを施してある。こんな光景も京都ならではのことでしょうね。

KIFUNE BAKERY

いつもの散歩コースにできたパン屋さんのすぐ裏手にも、鬼門除けを施した家が何軒かあります。そしてこのパン屋さんの屋号の由来はすぐ近くに建つ『紫竹貴船神社《しちくきふね》』だというあたりがいかにも京都らしいところです。

近所のひとは『貴船神社』と言っていますが、大元の『貴船神社』と混同してはいけないので、地図などでは『紫竹貴船神社』と記されています。

『貴船神社』と言えば、洛北の奥、鞍馬山の近くに建つ『貴船神社』を思い浮かべられる方が少なくないかと思いますが、紫竹にある『紫竹貴船神社』は小ぢんまりとした造りの神社で、古くこの界隈は『賀茂《かも》別雷《わけいかづち》神社』、すなわち『上賀茂神社』の荘園だったことから摂社を勧請したのが始まりだと伝わっています。

この『紫竹貴船神社』のご祭神は洛北の『貴船神社』とおなじく高龗神《たかおかみのかみ》で、水を司る神さまです。水に恵まれ、水難から守ってくださるご利益があると言われています。加えてここの神殿は北向きに祀られていて、霊力が強いと言われています。ぜひ一度お参りなさってください。

少し横道にそれてしまいました。話を本筋に戻しましょう。

『KIFUNE BAKERY』は小さなパン屋さんで、食パンをはじめ多種多様な惣菜パンも焼いていますが、規模が小さいこともあって、早く売りきれてしまうことも少なくありません。午前中がねらい目です。金、土、日、月だけと週四日の営業ですが、できるだけ早い時間に訪ねられることをお奨めします。

絶品ロールケーキ

そしてこのパン屋さんの隠れた名物がロールケーキで

す。土日だけの販売ですが、オーソドックスなロールケーキは手ごろな価格ながら、絶品と呼びたくなる味わいです。

屋号の〈キフネ〉は『貴船神社』がキフネジンジャと読むのに倣っています。こちらの紫竹の神社だけでなく、洛北の本家『貴船神社』もキフネジンジャです。

水を司る神さまですからにごりは禁物なので、キブネではなくキフネと読みます。そんなところまで、きちんと倣っていることでこのお店が地元に重きを置いていることが見てとれるのです。

ちなみに地名としてはキブネと読みますから、叡山電鉄の駅、貴船口もキブネグチと読みます。こんな使い分けもいかにも京都らしいところです。

3　鍾馗さんと鬼瓦のなぞを解く

むかしに比べるとずいぶん少なくなりましたが、それでも京都の街かどを歩いていると、小屋根の上に鎮座する鍾馗《しょうき》さんを見かけることがしばしばあります。

鍾馗さんは唐の時代に中国で広まった逸話から生まれたもののようです。唐の第六代皇帝、玄宗が病を患い床に臥《ふ》していたとき、夢のなかに現れた小さな鬼が、玄宗の妻の匂い袋と玄宗の玉笛を盗もうとしたのを、ヒゲ面の大男があっという間に退治したという話がはじまりと言われています。

ヒゲ面の大男は自らを鍾馗と名乗り、自死した自分を玄宗が手厚く葬った恩に報いたと言ったそうです。その夢を見た翌日から玄宗の病は癒え、元気を取り戻したことから、ヒゲ面の大男を鍾馗さまと呼んで、唐の民衆も崇めるようになったというわけです。

玄宗皇帝と言えば、楊貴妃との悲恋で知られていますね。

息子の妻である楊玉環に一目ぼれした玄宗は、息子夫婦を離婚させ、玉環を貴妃として後宮に迎えたということから、国の衰退につながっていくのですが、長安を脱出した玄宗と楊貴妃は、警護に当たっていた将兵の反乱に遭い、玄宗はやむなく楊貴妃を死なせる羽目に陥るという話です。

倫《みち》にはずれた横恋慕の報いだったのでしょうか。鍾馗さんの霊力もそこまでは及ばなかったのですね。

そんな鍾馗さんですが、日本ではまた別の逸話が伝わっています。

京都は三条のお話です。

大店と言ってもいい薬屋さんが、お店を新築し、屋根には立派な鬼瓦を葺いたことから話が始まります。

しばらく経ったころ、この薬屋さんの向かいのお家の奥さんが原因不明の病に侵され、あらゆる手を尽くしても、一向に治る気配がありません。医者もお手あげとなってしまいましたが、ご主人は奥さんの病気をなんとか治そうと、わらにもすがる想いで、占い師に相談を持ち掛けました。

その占い師の見立てでは、向かいの薬屋の鬼瓦がいろんな災厄を撥《は》ね飛ばし、それらがすべて向かいの家に入ってしまったことで、奥さんが病を得ているということでした。

これを解決するには、鬼よりも強い霊力を持つ鍾馗さんを対面させるしかない、となり、瓦屋さんに依頼し、鍾馗像を葺いてもらって屋根に安置したところ、立ちどころに奥さんの病は快癒したと言います。

これを聞いた町衆は、鬼瓦と向かい合うように鍾馗さんを飾るようになったと伝わっています。

唐の玄宗皇帝の逸話と違って、こちらはハッピーエンドになっていますが、ひとつ大きななぞがあります。それは地名です。

いろんな資料や本を見ても、この話は三条の薬屋とはっきり書いてありますが、京都の方ならいくばくかの疑問を持たれると思います。

古く江戸時代には江戸幕府公認の薬種街があり、最盛期には百軒を超える薬問屋が軒を連ねたのは、三条ではなく二条通なのです。

二条と三条、わずかな違いに見えますが、通りによって大きく性格が変わるのは京都の通りの特性ですから、首をひねってしまいます。

おそらくただの間違いではなく、二条通とするとお店が特定されてしまうのを懸念して、あえて三条としたのだろうと思います。

そのあたりも諍いを極力避けようとする京都ならではの話で、興味深いところです。

西陣界隈の町家で見かけることが多い鍾馗さんですが、小屋根の上に置かれた鍾馗さんをよく見てみると、向きが統一されていないことに気付かれるでしょう。すべての鍾馗さんが正面を向いているわけではなく、斜めに置かれていることもよくあるのです。

これも実は京都人特有の気遣いからきていて、無用な諍いを避けるための工夫なのです。

鍾馗さん

鬼よりも霊力の強い鍾馗さんですから、それを真向かいのお家に向けると災厄がその家に飛びこんでしまいます。そこであえて斜めに置くことでそれを避けようというわけです。

鍾馗さんだけではなく、ときにはお福さんもあります。にらみをきかす鍾馗さんにお福さんの笑顔で対抗する。京の街のほほえみ返しです。

薬師院と薬祖神祠

二条通にたくさんの薬問屋さんが居並んでいたのを象徴するようなお寺が『薬師院』。釜座通の二条通を北へ上ったところに建つ黄檗《おうばく》宗の寺院です。

通称は〈来ぬか薬師〉。京都のひとは親しみを込めて〈こぬかはん〉と呼ぶこともあります。

話は延暦時代までさかのぼります。

最澄は少年時代に彫り上げた七体の薬師如来のうちの一体を、美濃国に設けた〈医徳堂〉に安置しました。その〈医徳堂〉はのちに〈薬師院〉と名を変えたのですが、時代は下って寛喜二年（一二三〇年）になって、不思議なことが起こります。

コロナのようなものだったのか、日本中に疫病が流行したとき、〈薬師院〉の住職の夢枕に薬師如来さまが立ったのです。

「わたしの前に来なさい。そうすればすべての病や苦しみを取り除きます。どうだ、来ぬか、来ぬか」

そんなお告げがありました。

それからあと、人々が〈薬師院〉にお参りして祈願すると、たちまちのうちに病が平癒したそうです。それが〈来ぬか薬師〉の由来です。

その〈薬師院〉がなぜ京都の二条にあるかと言えば、織田信長が美濃から京へ移転させたからです。

このお寺の本尊である最澄が彫った薬師如来は、斎藤道三が崇拝していたのですが、それを信長が譲り受け、上洛を機にこの地に祀ったというわけです。

駐車場のような土地に小さな祠と石碑が建っているだけの隠れたお寺にも、そんな歴史が遺されているのも京都ならではです。

二条通の両替町通を少し西に入った辺りに建つ石の鳥居は『薬祖神祠《やくそじんし》』と言います。

江戸時代の終わりごろ、神農《しんのう》さんをお祀りして〈薬師講〉としたのがはじまりだそうです。

神農さんとは中国医薬の祖と言われ、日本の少彦名命《すくなひこなのみこと》とともに薬の神さまとして崇められています。

大己貴神《おおなむちのかみ》、すなわち大国主命と神農、少彦名命の三柱を祀っていた初代が、蛤御門の変で焼失したあと、明治の終わりごろになって今の場所に遷座したと伝わっています。

古来の神さまだけでは物足りないと思ったのか、未来を見越したのか、西洋医学の祖とされるヒポクラテスを合祀したのがユニークなところ。

科学と民間信仰が同居しているのは、なぞというよりユーモラスに思えますね。

4 なぜ京言葉は独特の言い回しが多いのか

憧れを持ちながらも、京都には親しみを持てないという方はけっして少なくないようで、その大きな要因となっているのが、京言葉の独特の言い回しにあることは、どうやら間違いなさそうです。

もっともよく知られているのは〈京のぶぶ漬け伝説〉でしょうが、既著でくわしく書きましたのでここでは触れません。事実とは異なる、幻のような話だということだけ言っておきます。

京言葉の特徴のひとつに母音の長音化があげられます。一拍の言葉は長く伸ばして発音されるのです。

たとえば、歯は、はぁ、目は、めぇ、といったふうにです。木は、きぃ、実は、みぃ、となります。

おそらくは御所言葉、お公家さんたちの言い回しからはじまったものかと思われますが、長音化することで、会話のテンポがゆったりとなり、雅な空気になる効果があるように思います。

『麩嘉』という麩のお店があるのですが、ふつうに読めば〈ふか〉なのに、京都のひとは〈ふうか〉と呼び習わしています。

やたらとていねいな言い回しもまた、京言葉の特徴と言っていいでしょう。〈お〉や〈さん〉を付けるのです。

芋と言わず、お芋さん、と言い、豆と言わずに、お豆さん、揚げと言わず、お揚げさん、と言います。

ただ、なんでもかんでもかと言えば、そうではなく、ネギはおネギ、で〈さん〉は付きません。なぞですね。

大根にいたっては、おだい、などというなぞの呼び方をします。〈お〉を付けてていねいに呼ぶのかと思いきや、〈こん〉を省略してしまって、おだい、となるのですから、法則性はなかなか見出せません。

長音化とていねい化が合わさると、なんとも言えず優雅な空気を漂わせます。

お陽さま、が京言葉になると、〈おひーさん〉。

「おひーさんが沈まはるまでに帰っといでや」

子どものころによくそう言われました。

この〈沈まはる〉という言い方も京都独特の言い回しです。

本来なら敬語を使う必要がない場合であっても、尊敬の意を含んだ助動詞をしばしば使うのも京言葉の習わしなのです。

「賀茂川の桜、まだ咲いてはらへんかったわ」

太陽とおなじく植物に対しても敬語を使うことはめずらしくありません。

「お隣の赤ちゃんが寝てはるさかい、大きい声出したらあかんえ」

「うちのワンちゃん、きのうからなんにも食べはらへんねん」

赤ん坊でも、飼い犬でも、敬語をつかうのはなぜなのでしょう。

極め付きは、モノを生きもののようにしてしまう敬語です。

「爪切りどこ行かはったか知らんか？　さっきからずっと探してるんやけど、居てはらへんねん」

爪切りですらペット扱いです。

ここまでに書いてきた京言葉ぜんたいに言えることですが、極力会話が尖らないように気を遣い、まるく穏やかな会話を心がけているのだと思います。

冒頭に書いた〈京のぶぶ漬け伝説〉もおなじ理由からはじまった話です。

直截的なもの言いは、ときに相手を傷つけることがありますから、それを避けようとして表現を変えるのは、京言葉の最大の特徴です。

なぜ京言葉が独特の言い回しになったのかと言えば、都として長いあいだ栄え、さまざまな地方の人々が行き交い、暮らしてきた結果、ささいなことから諍いになることが少なくなかったからです。

衝突を避けるために、あいまいな表現を多用し、遠回しに言ったり、ときには敬語も使い、会話をおだやかにするために工夫を重ねてきたのです。

京都人=イケズという図式が広まった理由のひとつに京言葉があげられると思いますが、それこそが京都が長く都だったということの証しなのです。

上七軒　ふた葉

京言葉が今もくっきりと残っているのは花街と西陣だとよく言われます。言い方を変えれば京言葉がもっともよく似合う場所となるのでしょう。

舞妓さんや芸妓さんもですが、お茶屋や置屋のおかあさんなどがその典型です。馴染みの旦那衆とのやり取りを聞いていると、思わずクスリと笑ってしまいます。

鳥なんばそば

「旦さん、そんな無理言わんとぉきやすな。ひーさんとは目ぇいっぱいどすねん。たーさんとこでもよろしいがな。うちからあんじょう言うときまっさかい」

こんな会話が行き交うのは上七軒のお茶屋さん。西陣にある秀吉ゆかりの花街です。

『北野天満宮』のおひざ元でもある上七軒にはお茶屋さんのほかに、さまざまな飲食店がありますが、ぼくのお奨めは『上七軒　ふた葉』というおうどん屋さんです。

京都には〈ふた葉〉と名付けられたお菓子屋さんやうどん屋さんがあちこちにありますが、賀茂家ゆかりのふたば葵を由来としているのだろうと思います。

京都らしいお出汁がきいた麺類や丼物、なにを食べてもおいしいのですが、このお店の名物とも言える茶そばをぜひ味わってみてください。

鳥なんばなどがいいでしょう。淡く緑色にそまった細いおそばが、澄んだ出汁つゆのなかを泳ぐ様子を京言葉で表現するのも一興です。

5　祇園祭はなぜ日本を代表する祭になったのか

日本三大祭のひとつである祇園祭は、京の夏を彩る風物詩として欠かせない存在ですが、今に伝わるまでにはいくつものなぞが秘められています。

最初のなぞは、祇園という狭い地域のお祭りがなぜ日本を代表する祭になったのかということです。

京都の街は主要な八つの神社の氏子地域に分かれています。北から『今宮神社』、『上御霊神社』、『北野天満宮』、『下御霊神社』、『八坂神社』、『松尾大社』、『伏見稲荷大社』、『藤森神社』がそれです。それぞれの神社には氏子と呼ばれる、氏神さまを信仰するひとたちが居て、組織が作られているのです。

その神社に伝わるお祭りがそれぞれに行われていて、氏子たちが奉仕するのが通例です。その八つの神社のお祭のなかで、『八坂神社』の祇園祭だけが突出した存在で、かくも盛大に行われ、京都だけでなく日本有数の祭になったなぞを解いてみましょう。

いくつものわけがあるのでしょうが、『八坂神社』の氏子は室町の旦那衆をはじめとして、裕福なひとが多かったから、というのが最大の理由だろうと思います。

今風に言えば、富裕層のひとたちが財力を惜しげもなく祭につぎ込んだことで、絢爛さを増していったのだろうと思います。

祇園祭と言えば山鉾巡行。絢爛豪華な山や鉾が巡行する前祭《さきまつり》や後祭《あとまつり》、その前夜の宵山が大きく報道されるので、これらが主役だと思われがちですが、祭本来の主役はご神体を載せた神輿が『八坂神社』から御旅所へ向かう神幸祭と、戻ってくる還幸祭が主役なのです。

山や鉾が巡行する目的は、あくまで祭の露払いなのですが、いつしか山や鉾が目立つようになり、その立派さゆえ日本中にその存在を知られるようになったのです。

しかしながらこの山鉾巡行にもなぞが秘められていて、そのひとつがルートです。神輿渡御《とぎょ》に先立ち、道筋を浄めるためにと言いながら、山鉾は神輿とまったく異なるルートを巡行するのです。なぜなのでしょう。

このなぞを解くカギは氏子さんたちの棲み分けにあるようです。神事を担当する氏子さんと山鉾を担当する氏子さんは、それぞれ別の地域なのです。

神幸祭で巡行する、中御座、東御座、西御座、三基の御神輿はそれぞれ三若、四若、錦の神輿会の奉仕によって受け継がれています。三若とは三条大宮辺りの若衆、四若は三条京阪の東近辺、錦は錦市場辺りがテリトリーです。

いっぽう山鉾巡行に奉仕するのは、北は姉小路通から南は高辻通辺りまで、東は東洞院通、西は油小路通までのエリアに点在する山町鉾町の氏子さんたちです。

このエリアの違いから、御神輿と山鉾の巡行ルートが分かれて伝わってきたのです。加えて神輿に比べて大型の山鉾は狭い氏子地域を通ることができないので、一定の広さを持つ通りしか巡行できないという理由もあります。

ひとつたしかなことは、神幸祭や還幸祭の御神輿巡行は厳粛な神事に基づくもので、山鉾巡行は町衆の愉しみとしての要素が強いという、ある意味で両者は別ものだという話です。神輿渡御の露払いという本来の目的とは別に、山や鉾は見物人に愉しんでもらうという役割も果たしているのです。

御神輿のほうは神事にまつわるものですから、市井の者がなぞを解くなど不謹慎でしょうから、山鉾巡行のなぞを解いてみましょう。

現在山鉾巡行は七月十七日の前祭に二十三基、二十四日の後祭に十一基、併せて三十四基の山鉾が巡行していますが、時代によって変動してきました。その増減もなぞですが、一番のなぞは長刀鉾が別格扱いされていることです。

巡行の順序は毎年くじ引きで決まるのですが、長刀鉾はくじ取らずと言って、必ず前祭の先頭を巡行するのです。

それだけではありません。むかしはほかの鉾にも稚児が乗っていたのですが、今は長刀鉾だけになりました。長刀鉾は先頭を巡行するので、しめ縄切りもお稚児さんの見せ場になります。当然のように各山鉾が授与する厄除けちまきも、長刀鉾が一番人気です。ほかの山鉾がやっかむことはないのでしょうか。

三十四基のうち十基がくじ取らずとして順番が決まっているのですが、前祭も後祭も最後尾は船鉾とされているのもなぞのひとつです。

文字通り船の形をした船鉾は、日本書紀に登場する神功皇后が身重なのを男装で隠し、海戦に勝利した説話に由来しているそうですが、それがなぜトリを務めるのかは定かな理由がないようです。

山鉾の意匠もですが、山鉾を飾る懸装品もなぞに包まれています。三十四基を飾るそれぞれの懸装品に共通点が見当たらないのです。染織の粋を凝らした古今東西の作品が山鉾の四方を飾りますが、絵巻物や美人画、ふくろうやラクダなどの動物と、染織物に描かれているテーマには一貫性がないのがなんとも不思議です。祇園祭は疫病退散を願う祭ですが、まるで関連性がありませんね。なぞに満ちたお祭です。

うらやま京色

室町四条を中心とした鉾町にはたくさんの飲食店があり、付近はビジネス街ということもあって、どのお店もいつも賑わいを見せています。

宵山近くなると満席のお店が多くなり、予約なしだと夕食難民になりかねませんし、ランチタイムもビジネスランチの時間を外さないとありつけない、というお店も少なくありません。ランチは時間をずらし、ディナーは早めに予約、というのが鉾町での食事を愉しむコツです。

お店がたくさんあり過ぎて、どこをお奨めするか迷うところですが、まずはぼくの好物である串揚げのお店をご紹介しましょう。

錦小路通を室町通から少し東へ歩くと、南に延びる細い路地があります。

行き止まりになった路地というのは、なかなか入りにくいのですが、その分風情ある道筋になっています。

入り口が目立たないので、うっかりすると通り過ぎてしまいそうなお店が『うらやま京

色とりどりの串揚げ

色』。創作串揚げがメインの隠れ家レストランです。

〈うらやま〉という屋号は、お店の在り処《か》が鉾町のひとつである占《うら》出《で》山《やま》町にあることに由来しているのでしょう。

占出山という鉾は、鮎という字の起源にもなった逸話をモティーフにしています。

古く神功皇后は新羅へ遠征する際、裳の糸につけた針に米粒を付け、それを餌にして釣り糸を垂れます。――もしも新羅遠征が成功するならば、きっと魚がかかるだろう――と祈りをささげたところ、鮎がかかったといいます。そのことから当初は〈占魚〉と書かれた鮎はやがて一字になって、鮎という字がつくられたという伝説があります。占出山という鉾はその場面を再現しているのです。

路地奥のお店は、ふと通りがかって、というお客さんはめったにありませんから、よほど料理に魅力がないと集客は難しいと言われます。

一階は厨房を囲むように設えられたカウンター席のみで、少人数ならここで、人数が多くなれば二階の個室に案内されます。

ランチはカレーやハンバーグなどの洋食がメインで、ディナーは串揚げコースやアラカルトがお酒といっしょに愉しめます。

カウンター席に座り、ワイン片手に、串カツが揚がる様子を眺めるうち、お腹が鳴るほど食欲がわいてきます。お祭りの夜には、遠くから祇園囃子が聞こえてくるのも鉾町のお店ならではです。

東華菜館

山鉾こそ巡行しませんが、祇園祭の主たる行事、神幸祭や還幸祭に御神輿がわたる四条大橋も祇園祭には欠くことのできない場所です。

そんな四条大橋の南西のたもとにあって、ひときわ異彩を放つ建物があります。

京都中華のひとつの流れは鳳舞系に代表される、広東料理をベースにした中国料理ですが、もうひとつの流れは北京料理。その代表とも言えるのが四条大橋のたもとに建つ『東華菜館』です。

中国料理は大きく、広東、四川、上海、北京の四つの体系があり、北京料理は山東料理をルーツとしていて、フカヒレやアワビ、海ツバメの巣やナマコなどの乾物食材を使って、健康的な料理を旨としているそうです。よく医食同源という言葉が使われますが、北京料理はまさにそれを体現していると言われています。

東華菜館の外観

　四条大橋辺りのランドマークともなっている『東華菜館』はスパニッシュ・バロックという建築様式で建てられた洋館で、設計はかのウィリアム・メレル・ヴォーリズですから、京都だけでなく、日本を代表する名建築です。その建物と北京料理はミスマッチのように思えますが、建築当初は〈矢尾政〉という屋号の西洋料理店だったと聞いて納得です。

　大正十五年にハイカラな西洋料理店として始まりましたが、その後第二次世界大戦が終わったあと、昭和二十年に山東省出身の于永善の手によって、中国料理店に生まれ変わったということです。

　料理の前にまずはこの建築をじっくりと味わいましょう。異国情緒あふれる玄関のファサードからはじまり、現存する日本最古のエレベーター、天井や階段の見事な装飾、ヴォーリズの手になる家具に至るまで、日本を代表する洋館建築の粋を間近に見られるのは貴重な機会です。

伝統と歴史を誇る日本の祭でありながら、洋の意匠をまとった絢爛な懸装品の山鉾が練り歩く祇園祭と、相通じる空気を感じながら食事を愉しめるのは、なんともありがたい限りです。

北京の宮廷料理をベースにしたコース料理もいいですが、豊富なアラカルトから好きな料理を選ぶこともできます。豪華な北京ダックをはじめ、青椒肉絲や酢豚、ハルマキといったおなじみの料理まで、本場北京料理のエッセンスを堪能できます。

夏場には鴨川に張り出した納涼床席、屋上に設えられたビアガーデンがオープンするのも愉しみのひとつです。

6 紫式部ゆかりの地のなぞを解く

紫式部を主人公にした大河ドラマが話題を集めたこともあって、コロナ禍明けの京都では、紫式部ゆかりの地をめぐる聖地巡礼が人気を集めているようです。

源氏物語の作者として、あまりにも有名な女性ですが、平安時代の貴族階級の女性は当時の慣習によって、実名を公にせず、詳《つまび》らかにしないことも多くあったようで、その生涯はたくさんのなぞに包まれています。

いつ生まれて、いつ亡くなったかも定かではなく、おおむね九七〇年から数年のうちに生まれ、一〇一九年ごろに亡くなったのでは、という程度しか分かっていないようです。

となれば当然、ゆかりの地といえども不確かな要素は多く残されています。

いつ生まれたかが定かでないのですから、どこで生まれたかも不明なのですが、なぜか産湯に使われた井戸は特定されているようで、その井戸は『大徳寺』の塔頭である『真珠庵』にあって現存しています。

おそらく紫野界隈で生まれただろうということから生まれた説のようです。

また、紫式部が晩年を過ごしたと言われる『大徳寺』の境外塔頭『雲林院』は、かつて広大な敷地を持ち、現在の『真珠庵』の辺りもその境内だったことからも、そう推測されたのではと思います。

戦国武将などがその典型ですが、著名人の墓所というものも複数あったり、ほんとうにそこが墓所なのか定かでないこともよくあるのですが、紫式部に関してはどうやら間違いないようで、生家、晩年の邸宅と推測される『雲林院』の近くに墓所があります。

『おひとりからのひみつの京都』（SB新書）でも書きましたが、堀川北大路を少し南に下った西側に、紫式部の墓所があります。

そしてなぜかおなじ敷地内に小野篁《たかむら》のお墓も並んで建っていて、これもなぞのひとつとされています。

小野篁と言えば、これもおなじ本で詳しく書きましたが、昼間は朝廷の官吏としてこの世で仕事をし、夜になるとあの世へ行って、地獄の閻魔《えんま》大王の助手を務めていたと言われている伝説の人物です。

百人一首にもその名を残す歌人ですから、紫式部と並んでもおかしくはないのですが、釈然としません。

なぜこのふたりの墓がおなじ敷地内に並んで建っているのか。そのなぞを解くカギは、ここから少し南西方向に建つ通称『千本ゑんま堂』、正式名称『引接寺《いんじょうじ》』というお寺にあります。

小野篁は閻魔さまから現世を浄化するため、塔婆を使ってご先祖さまを再びこの世へ迎える供養法、〈精霊迎えの法〉を授かりました。これがのちのち、日本の伝統習慣であるお盆、〈盂蘭《うら》盆会〉へと発展するのですが、その法を習得するための根本道場として、閻魔大王の姿を小野篁自ら刻んで建立した祠が『千本ゑんま堂』の開基とされています。

そしてその『千本ゑんま堂』の境内に、〈紫式部供養塔〉が建っているのですから、小野篁と紫式部のあいだには深い関係があると思わざるを得ません。

とは言え、小野篁は八〇二年に生まれ、八五三年に亡くなっているようですから、現世でのふたりの接点はないはずです。ではなぜ？

境内の西北隅に建立された石塔には一三八六年と建立年が刻まれていますから、ずいぶんと時が経ってからのものです。

当時の住職である円阿上人は、地獄に落ちて苦しんでいる紫式部を救いあげるという夢を見たのです。

ではなぜ紫式部は地獄へ落とされたのでしょう。

仏教では架空の物語を作るということは、――嘘をついてはならぬ――という、五戒のひとつ――不妄語戒――にあたり、多くに読み継がれる〈源氏物語〉を書いた紫式部はその戒を破ったとして地獄に落とされたという説です。

となれば古今東西、すべての小説家は地獄に落ちることになるのですが、それほど〈源氏物語〉が世の中に大きな影響を与えたということなのでしょう。

そこで小野篁の出番です。

あの世に時代などは関係ありません。時空を超えて小野篁から閻魔大王に口利きをしてもらい、紫式部を現世で供養することになったわけです。

地獄の苦しみから救われた紫式部は、その恩に報いるために、自らの墓の横に小野篁の墓を並べることにした、というのは勝手なぼくの説ではありますが。

季節になると小さな紫色の実をつけるムラサキシキブが墓所に植えられているのも、お墓に彩りを添えています。

紫式部ゆかりの地として忘れることができないのは、〈源氏物語〉を執筆したと言われる『蘆山寺《ろざんじ》』です。

京都御苑に隣接し、寺町通に面したお寺『蘆山寺』の境内にはかつて、紫式部の曾祖父である権中納言藤原兼輔が建てた邸宅があり、紫式部はそのお屋敷に住んでいたと言われています。

この地で育ち、結婚したあともここに住んで終焉《しゅうえん》を迎えたとされています。となると、当然ながら〈源氏物語〉はここで書かれたということになります。

その伝承に基づいて『蘆山寺』には〈源氏庭〉が整備され、白砂と苔で整えられた庭には、紫色の桔梗が咲き競います。

ちなみに〈源氏物語〉にしばしば登場する朝顔の花、というのは今の桔梗のことだそうです。

もう一ケ所。〈源氏物語〉に登場する夕顔という女性のお墓も、紫式部ゆかりの地としてご紹介しておきましょう。

――心あてにそれかとぞ見る白露の光そへたる夕顔の花――

そんな歌をも詠む可憐な女性、夕顔に光源氏は心を奪われ、幾度となく逢瀬を重ねます。

堺町通の高辻通を下った辺り。

その夕顔の住まいだったとされる地は今も夕顔町という町名が残り、古い町家の敷地内には〈夕顔之墳〉と刻まれた石塔が建っています。

言うまでもなく〈源氏物語〉は架空の物語ですから、夕顔という女性は実在していません。にもかかわらず、こうした町名が残り、石塔まで建ててしまうのですから、いかに〈源氏物語〉が広く京都に浸透していて、京都の人々から親しまれてきたかが分かります。

宇治十帖もありますから、紫式部ゆかりの地は宇治界隈にも多く残されていますが、それはまた機会をあらためてご紹介することにしましょう。

喫茶翡翠

紫式部ゆかりの『雲林院』や墓所のほど近く、堀川北大路を少し東に行った北側に建つ『喫茶翡翠《ひすい》』は、文字通り喫茶店としてひと息つくのに、恰好のお店ですが、豊富な軽食メニューがあるので、ランチタイムにもぜひ訪れてみてください。

近年の昭和レトロブームでまた人気が再燃しているようですが、ぼくが高校に通っていたころですから、半世紀以上も前からあって、幾度となく通っていたお店です。

お店が通学路にあったせいでもあるのですが、下校時はもちろん、ときには昼休みにも訪れていました。

そのころは喫煙者が大勢いましたから、店のなかはいつも霞んでいたのも懐かしい思い出です。今は禁煙になっていますから安心してお店に入れます。

お店のなかはほぼほぼ当時のままで、昭和の空気が色濃く漂っています。

サンドイッチからスパゲティやグラタン、カレーなどの軽食から、ハンバーグ弁当、カラアゲ定食などの定食類、牛丼やカツ丼などの丼物まで揃っていて、なにを食べようかと迷うほどです。

昭和レトロな店内

朝九時から夜九時までの通し営業ですから、モーニングセットから夜の定食まで、幅広く活用できるお店で、紫式部めぐりのおやすみ処としてお愉しみください。

7 街かどのお地蔵さんのなぞを解く

京都の街かどを歩いていると、しばしば目にするのが小さな祠に祀られたお地蔵さまです。

住宅街だけではなく、ビジネス街でもおなじように敷地の一角に小さな祠が建っていて、たいていはお花が供えられています。

よく手入れの行き届いた祠の格子の扉は、ふだんは閉じられていて、そっとなかをのぞくと、前掛けをしたお地蔵さまが鎮座しています。

いったい誰が祠を掃除し、お花を供え、前掛けを洗濯しているかと言えば、その祠が建つ町内のひとたちです。

おおむね町内会の決まりで、順番が回ってきて、一年間お世話をすることになるのですが、最近では町内会に属さない家庭や会社があったりするので、いつもおなじひとが世話をするケースも少なくないようです。

お地蔵さまはなぜこれほど多く京の街かどに祀られているのでしょう。

お地蔵さま、すなわち地蔵菩薩はお釈迦さまが入滅されてから、弥勒菩薩《みろくぼさつ》が出現するまでのあいだ、六道をめぐりながら人々を救済していたと言います。それゆえ日本中にお地蔵さまは祀られていますが、特に京都に多いのは、毎年夏に行われる六地蔵めぐりと関連しているからだと言われています。

六地蔵めぐりというのは、毎年八月二十二日、二十三日に、旧街道口に祀られた六体の地蔵菩薩を巡拝する行事で、六道詣りや五山の送り火などお盆の行事を終えた盂蘭盆会のしめくくりとして行われるものです。

諸説ありますが、盂蘭盆会で洩れてしまった霊や、行いを怠った衆生など、あらゆるものを救う行事だと伝わっています。つまりは救済措置ですね。

紫式部を現世で救済した小野篁ですが、熱病に冒され一度冥土へ行ってしまいます。しかし、そこで出会った地蔵尊を拝んだことでまたこの世に蘇ったのです。

そこで篁は一本の桜の木から六体の地蔵を彫りだし、祠を建てて祀ることにしたのです。その六体のお地蔵さまは当初、伏見の『大善寺』に安置されたことから今も六地蔵と呼ばれ、今も地名に残っているのです。

その後、平安時代末期になって、平清盛が西光法師に命じて、『大善寺』のほかに五つのお寺に分けて安置し、京の都に通じる六つの街道口の六ケ寺に祀ったことから、これらの六地蔵を巡拝する六地蔵めぐりの風習がはじまったと言われています。

伏見の『大善寺』には伏見六地蔵が祀られ、上鳥羽の『浄禅寺』には鳥羽地蔵、桂の『地蔵寺』には桂地蔵、常盤の『源光寺』には常盤地蔵、鞍馬口の『上善寺』には鞍馬口地蔵、山科の『徳林庵』には山科地蔵と、それぞれ街道口の六ケ所に地蔵さまが祀られています。

順に、奈良街道、西国街道、山陰街道、周山街道、鞍馬街道、東海道と六つの街道口に六地蔵があるわけですが、京の街を取り囲むように点在していますから、二日間ですべてを巡拝するのは容易なことではありません。

そこで身近なところに地蔵尊を祀り、六地蔵めぐりに行かなくても救われるようにと願ったことから、街のあちこちにお地蔵さまを祀った祠が建つようになったのです。

六地蔵は京に出入りする街道口ですが、それとおなじように町内への出入り口となる一隅に祠を建てて地蔵尊を祀り、外敵が町内に侵入してこないよう厄除けとしたわけです。

夏の六地蔵めぐりは二日で洛外の六ケ寺をめぐって、それぞれのお寺で幡《はた》といわれる色違いの札を授かり、家に持ち帰って玄関先に吊るすと、家内安全の厄除けお守りになると伝えられています。

それを叶えられないひとを救うために行われているのが地蔵盆です。

地蔵盆が近づくと、町内のひとたちは祠から取りだしたお地蔵さまの彩色を改め、前掛けも新調して地蔵盆に備えます。

ちょうど夏休み中なので、町内の子どもたちもそれを手伝いながら、お地蔵さまをどうお世話すればいいのかを学び、次の世代へと伝えていきます。

祠の前で行われるのが一般的ですが、町内によっては空地やガレージ、集会所などで行われることもあり、その際はお地蔵さまを祠から取りだして棚に祀ります。

地蔵盆の会場は灯籠や行灯で飾られ、花やお菓子が供えられます。一年に一度、お地蔵さまのハレの日と言ってもいいでしょう。

そして地蔵盆が終わると、お地蔵さまは元の祠に戻り、また一年間町内を見守り、無事を願うのです。

数珠回しやお菓子配り、福引など、町内のおとなとこどもが親しく交流する場ともなる地蔵盆は〈京都をつなぐ無形文化遺産〉にも登録され、後世に残すべきたいせつな行事とされています。

京都の街かどにたくさんの地蔵尊が祀られているなぞは、これで解けたでしょうか。

御霊神社と水田玉雲堂

鞍馬口地蔵が祀られている『上善寺』から寺町通を南に下り、上御霊前通を西へ進むと『御霊神社』へと辿れます。

応仁の乱勃発地として知られる神社は、平安京が置かれたのとほぼ時をおなじくして、七九四年に崇道天皇を祀って創建されたのが始まりとされています。

そののち七柱が合祀され、今では八柱を祀っています。

鮮やかな新緑がまぶしい五月の祭と言えば、一般的には葵祭を思い浮かべるでしょうが、洛中に住む都人には、五月十八日の御霊祭が広く親しまれています。

五月十八日の祭禮《さいれい》は〈ごりょうさん〉、もしくは〈おまつり〉と呼び親しまれています。洛中に住まう人々にとって、〈おまつり〉と言えば『御霊神社』の祭を言うほど身近な存在なのです。

天災や疫病などの災厄をもたらすのは、怨念をこの世に残したまま世を去った御霊のせいだ。むかしのひとたちはそう思い、その代表的な霊を八柱と定め、鎮魂の社を建立しました。それを〈八所《はっしょ》御霊《ごりょう》〉と呼び、代表的な社が『御霊神社』なのです。

崇道天皇、伊予親王、藤原吉子、藤原広嗣、橘逸勢《はやなり》、文室宮田麻呂《ふんや》に加えて、吉備真備、菅原道真と習合した火雷神《ほのいかずちのかみ》。その怨念を鎮めるための神社ですから、厳かな空気が漂っているのは当然のことかもしれません。

その門前菓子として長い歴史を誇っているのが『水田玉雲堂』の〈唐板〉です。八六三年に疫病が大流行し、多くの犠牲者が出たことを悼んだ清和天皇は、その年の五月二十日、『神泉苑』において御霊会を行いました。そのときに煎餅を創って神前に供えて〈唐板煎餅〉と名付けたと伝わっていて、これが〈唐板〉のはじまりです。

そののち御霊会は恒例の行事となるのですが、応仁の乱で途絶えてしまいます。『御霊神社』の境内に茶店を開いた初代は、〈唐板煎餅〉が廃れたことを惜しみ、苦心の末に再現したのが『水田玉雲堂』の銘菓〈唐板〉です。

文明九年と言いますから、西暦で言うと一四七七年の創業。五百年を軽く超える歴史を持つ〈唐板〉は、諸説ありますが日本最古の菓子とも言われています。

二〇一六年にいったんお店の歴史が途切れたのですが、見事に復活を遂げた〈唐板〉は、素朴な味わいながらしみじみとした余韻が残るお菓子です。ぜひこれからも長く続いてほしいものです。

第四章
食のなぞを解く

1 京料理の定義とは？

　京都へ行くなら一度は京料理を食べないと。そんな声をよく耳にします。そしてそれに応えるように、雑誌やテレビの京都特集では必ずと言っていいほど、京料理のお店が紹介されています。

　しかしながら、具体的に京料理とはどういうものか、と問われれば多くの方が答えに窮されるのではないでしょうか。

　かく言うぼくも正解を持っていません。

　今から二十年以上も前、二〇〇二年の秋に『京料理の迷宮』（光文社新書）を刊行し、京料理とはなんぞや、をテーマにして分析を試みましたが、確たる答えを書くには至りませんでした。

　この二十年ほどのあいだに、和食が世界文化遺産に登録され、世界中で日本料理がブームとなり、和食や日本料理の認知度は格段に高まったと思いますが、それらもイメージが先行していて、定義はあいまいなままです。

　そもそも日本料理と和食はどこがどう違うのかもよく分からないままです。大雑把に言うと、和食という日本で生まれた料理のなかに、日本料理があるということになるのでしょう。そしてそのなかに京料理があるのだと思いますが、その境界線はとてもあいまいで、おそらく料理人さん自体も、なんとなくイメージで京料理という言葉を使っておられるのでしょう。京料理を看板にしておられる店のご主人に訊ねても、明解にお答えになる方はこれまでおられませんでした。

二十年ほど前に書いた『京料理の迷宮』では、京料理の定義を試みてみました。

至極おおまかではありますが、京料理を構成しているのは、茶道の基礎を為す茶懐石、御所で供されていた宮廷料理、旦那衆が愉しんでいた会席料理、そして寺方の精進料理の四つだろうと思っています。これに京の街衆のあいだに浸透していた、俗に言うおばんざいが加わって、今の京料理になったというのがぼくの定義です。

その定義は定義として置いておき、では今の時代に京料理と呼ばれているものはどんなものかと言えば、料亭料理と割烹料理のふたつに分かれ、いくらか形式は異なるものの、懐石と会席が合体し、洗練されたコース料理だと思えば大きな間違いはないでしょう。

料亭と割烹のどちらの京料理が正統派かと問われれば、やはり料亭に軍配が上がるでしょう。

料亭と割烹の違いも簡単に押さえておきます。

あくまで基本ではありますが、料亭はお座敷やテーブル席で、割烹はカウンター席で食事をします。したがって割烹では調理風景を間近にでき、料理人が自ら料理を供しますが、料亭の場合は調理場で作られた料理の完成形を仲居さんが運んでくるのが常道です。

料亭にとってなによりたいせつなのは設えです。もちろん料理そのものも重要ですが、床の間をはじめとした空間に〈京〉を漂わせ、季節感を表すことにも重きを置かねばなりません。言い換えれば食空間をも含めての京料理なのです。そしてその空間は当代の主人だけでなく、代々の主人の手によって作られてきたもので、そこには必ず京都ならではの伝統やルールが伝わっているはずです。

いっぽうで割烹は限られた空間しかありませんから、料理そのもので〈京〉を感じさせないといけないのですが、最近は主人の個性を前面に押しだす店が増えてきました。つまり割烹での京料理は、店の主人が主役になってきたように思います。

となると、割烹では店の主人の個性が強く出るので、独自の解釈が加わってきますから、ときに京料理の基準からはみ出すこともあります。

とりわけ最近大流行りの一斉スタート、おまかせコースのみという割烹は、本来の割烹から逸脱し、パフォーマンス優先の劇場型飲食店となっています。

本来、割烹という店は、それまで隠れた厨房で作られていた料理を、客の目の前で調理するスタイルへとしたもので、それはなんのためかと言えば、客の好みに応じて即興で調理するためでした。

食材を見せながら、客の好みを聞いて料理人の考えとすり合わせながら、料理を作っていくのです。

客が、板前が手にした魚を覗きこみます。

「ええ鯛が入ってるやないか。やっぱり刺身やな」

「明石の鯛でっさかい間違いおへん。薄造りにしてあっさりポン酢でどうです？」

「よっしゃ。そうしよ。粗身はどうしよ。焼くか煮るか、どっちがええ？」

「そうですな。お酒をようけ召しあがるんやったら、塩焼きにしてアテにしはったほうがよろしいやろな」

と、客と板前がこんな会話を交わしながら、料理が進んでいくのが本来の割烹です。

しかしながら、それには客のほうにも知識とある程度の経験が必要です。食材や料理法などを知らなければ、何をどう注文していいのか、相談すらできないからです。

そこで流行りだしたのが、おまかせコースのみ一斉スタート方式のスタイルです。

このスタイルの特徴は、板前が決めて作った料理をすべての客に、おなじように提供することで、客からは何ら注文を付けることがありません。出て来た料理を黙って食べればいいのですから、まったく料理に対する知識がなくても恥をかくことがないのです。

お金はいくらでもあるけど、料理に対する知識はまったくなく、食事作法も知らない、という客でも安心して食事ができるというわけです。

パフォーマンスを交え、かくかくしかじかの食材を使って、これこれこういう調理法で料理したものだと、懇切丁寧に料理人が解説しますから、客はそれを聞くだけでいいわけで、感嘆の言葉を返したらあとは食べるだけ。本来の割烹は双方向なのですが、この手のお店では料理人からの一方通行になるのです。

こういうお店の主な客層は、京都人ではなく内外からの富裕層ですから、高級食材を多用するのも大きな特徴です。京料理の美徳でもある始末という言葉や、足るを知る、といった考えとは無縁ですから、ある意味で京料理とは対極にあるものです。ひと幕の演劇を愉しむためのお店だと心得るのが正解です。

というわけで、真っ当な京料理を知るには料亭を選ぶほうが適切だということになります。

最近では京懐石という呼称を使う店が多いかと思いますが、茶懐石とは違い、会席料理の要素も含まれたものです。茶懐石では飯と汁が最初に供されますが、現代の京懐石は宴席料理に含まれますから、飯と汁はお酒で料理を愉しんだあと、最後に供されます。

流れとしては、最初に先附《さきづけ》や八寸など呼び名はそれぞれですが前菜が出て、次に向付《むこうづけ》と呼ばれるお造り、椀物、焼物と続きます。煮物や強肴《しいざかな》などが出て、最後にご飯と汁もの、そして水菓子と呼ばれるデザートが出てひと通りになります。

流れは割烹もほぼおなじですが、近年はこれに主人の口上やパフォーマンスが伴うのが流行になっています。加えて一斉スタートのお店が多くなってきましたから、食事というよりイベントの色が濃いのも京都割烹の特徴です。

千年の都である京都は時代に合わせてその姿かたちを変えてきましたが、実は京料理もまたおなじように変化を遂げてきたのです。したがって、平安時代の京料理と現代の京料理はおなじではありません。さらに言えば昭和と平成、令和の京料理もそれぞれ少しずつ異なります。これから京料理はどうなるのか。それこそが京料理最大のなぞなのです。

アラカルト割烹の愉しみ

多くの方が思い描かれている京料理を食べるとなると、やはり歴史ある老舗料亭がもっともふさわしいだろうと思います。

京料理というものは、ただ料理だけでなく、料理を盛る器、盛り付け方に加えて食事をとる空間の設えにまで心をくだかねばなりません。叶うなら床の間のある座敷で、掛軸や生け花までも愉しみながらいただきたいものです。

しかしながら旅先の京都で老舗料亭となると、かなりハードルが高くなり、ましてやひとりでぶらりと、というわけにはいきません。

というわけで、ひとり旅も念頭に置くと、多くの方が思い描いておられる京料理を愉しむには、割烹というスタイルが最適です。

なのですが、近年新しくオープンした割烹屋さんは、たいていがおまかせコースのみで、しかもかなりの高額に設定されているので、それなりの覚悟を持って臨まねばなりません。料理だけで三万円からのコースだけと言われると、どんなにおいしそうなお店であっても尻込みしてしまいます。

もちろん真っ当な和食となれば、けっして安価とはいきませんが、そこそこの金額で京都らしい和食を愉しめるお店を紹介しておきましょう。

御料理だんじ

ほんとうを言えば、あまり紹介したくなかったのですが、とてもいいお店なので思いきって書くことにしました。

と言うのも、これまで著書で行きつけのお店を紹介する度に少なからず後悔してきたのです。なぜなら人気が出過ぎて、ぼくが行きたいときに行けなくなってしまったからです。

そうならないことを祈りつつ最初に紹介するのは『御料理だんじ』という割烹屋さん。洛北の名刹『大徳寺』のすぐ近くにあります。

この場所にあるというロケーションは貴重です。『大徳寺』の近くには、あぶり餅の茶店が参道に並ぶことで知られる『今宮神社』もすぐ近くですし、『金閣寺』も市バスなら五分ほどの距離です。

基本的には夜だけの営業ですが、日曜日はランチ営業もしているので、インスタグラムのページをチェックしてみてください。お昼なら空席があれば予約なしで、手軽な丼物が味わえますし、アラカルトもあるので昼酒も愉しめます。

このお店が本領を発揮するのは夜です。税別で一万円からのおまかせコースもありますが、豊富なアラカルトのなかから食べたいもの選んでお酒と合わせるのが、割烹の醍醐味です。

お魚はもちろんですが、肉料理にも定評があるお店で、得意料理は天ぷらのようです。

ちなみにお店の名前の〈だんじ〉というのは九州男児の意味だそうです。九州男児ながら京都らしい繊細な料理を作るご主人もこの店の名物と言えるでしょう。あえて店名に割烹と付けていないのは、気楽に足を運んでほしいからだろうと思います。割烹にハードルの高さを感じておられる方には、恰好の入門編になることでしょう。

割烹しなとみ

京都らしい割烹のお手本と言えばこのお店です。『京都御苑』近くにお店を構える『割烹しなとみ』は、コースよし、アラカルトよし、の本格割烹で、京都らしい料理を瀟洒《しょうしゃ》な佇まいのお店で堪能できます。

寺町丸太町のひと筋北の細道を東に入ってすぐ、うっかりすると通り過ごしてしまいそうな控えめな構えにお店の心意気が表われています。

カウンターが七席と、奥に二、三人が入れる小さな個室があるだけのお店は、落ち着いて食事ができる本格割烹店です。

若鮎をじっくり塩焼きに

春の筍や山菜からはじまり、初夏の鮎や夏の鱧《はも》、秋には松茸などのキノコ類、冬ともなれば蟹や河豚《ふぐ》と、一年を通して旬の食材が登場します。
このお店で見ておきたいのは料理だけではありません。料理が盛られる器もまた必見です。近ごろの新しい割烹はやたらと高価で希少な器を多用しがちですが、器と料理のバランスがとれていないこともよく見かけます。器遣いが身についていないからでしょう。その点この『割烹しなとみ』は適材適所というか、その料理にもっともふわさしい器に盛って出されますから、思わず見入ってしまうこともたびたびあります。

作家ものであれ、骨董であれ、なによりたいせつなのは、器はあくまで料理の引き立て役であって、器が主役を張ってはいけないということです。やれ仁清《にんせい》だ、乾山《けんざん》だ、魯山人《ろさんじん》だと、店の主人に器自慢をされると辟易してしまいます。

このお店で食事されるときは、必ず器や盛り付けにも目を配ってください。食材自慢、器自慢がいかに虚しいかを感じることができるでしょう。

2 京都のうどんはなぜ「コシ抜け」なのか

どうして京都のおうどんは、あんなにやわらかくコシがないのか。そんな疑問の声をしばしば聞きます。

たしかに讃岐うどんなどとは比べようもないほど、京都のうどんはやわらかい麺です。大阪のうどんもあまりコシはありませんが、京都に比べるとまだ噛み応えがあるほうです。

なぜこれほど京都のうどんはやわらかいのでしょう。

それには大きくふたつの理由があります。

ひとつは京都という街で主導権を握っているのはお年寄りだからです。言い換えればお年寄りにやさしいのが京都という街の特徴です。別の見方をすれば、現役で活躍しているお年寄りが多く、そちらに合わせる必要があるからとも言えます。

たとえば創業以来何百年も経っているような京都の老舗では、ふつうの企業に比べて代替わりが遅いように見受けます。八十を超えてもまだ現役のトップというお店は少なくありません。ふつうなら定年を迎えている六十代の方でもまだ若主人と呼ばれるのも、京都の老舗ならではのことですね。

したがって主人であるお年寄りに合わせて、噛み切りにくいコシのあるうどんではなく、歯がなくても噛めるような、やわらかいうどん、通称コシ抜けうどんが京都では一般的になったのだと思われます。

京都では関東風の鰻が好まれるのもおなじ理由からだと思います。

一般的に関西では、鰻は蒸さずに直焼きするのですが、京都の鰻屋さんでは、蒸しの入った関東風の鰻を出す店のほうが多いのです。うどんとおなじく鰻もやわらかいほうがいい。主人がそう言えばみんなもそれに従わざるを得ません。

パリッと香ばしく焼きあがった皮目を愉しむのが関西流ですが、京都はふわりと皮までやわらかい鰻が主流なのです。

という高齢者優先説ともうひとつ、京都のうどんにコシがない理由があります。

京都の味と言えば、なんと言ってもお出汁。出汁が命だと言われます。

懐石料理の椀ものがその代表ですが、出汁の旨みを極限まで引き出すことが、京料理ではもっともだいじだと言われています。とりわけ京の軟水だからこそ引き出せる昆布の味わいはすべての京料理の基礎になるものです。

プロの料理人さんたちは、出汁を引く、という言い方をされますが、昆布や鰹節などの旨みを、まさに引き出すことによって京都の料理は成立していると言っても過言ではないでしょう。

椀もののタネがどれほど優れた食材であっても、お椀の主役は具材ではなく出汁の味わいであって、具材はあくまで脇役と言ってもいいのです。

「ああ。ええ出汁が出とるなぁ」

通いなれた常連客にそう言わせれば、料理人は合格点をもらったも同然です。

「なんや。使うてる水でも変えたんか?」

そう言われたら落第点を付けられたのです。まずはお出汁を味わい、具の話はそのあとです。ときには具の話が出ないことだってあるのが、京料理の椀ものです。

話をうどんに戻しましょう。

椀ものの主役がお出汁であるのとおなじく、京都のうどんは麺ではなく出汁つゆが主役なのです。つまり麺は出汁つゆをおいしく味わうための脇役だと言えます。

しっかりコシのある讃岐うどんのような麺は、それ自体が主役ですから、出汁つゆを撥ね除けてしまいかねません。やわらかい麺だからこそ、出汁つゆが麺のなかにまで染みこむのです。

これで少しはなぞが解けたでしょうか。ときどき京都のうどん屋さんで、コシのなさを嘆いておられるお客さんがあって、そんなときはこの話をしてあげたいと思うのですが、余計なおせっかいなので自重しています。

京都のうどんは出汁つゆを味わうためにある。それを分かりやすくしているのが、餡かけうどんです。

京都人は餡かけで冬を越すと言われるほど、葛でとろみを付けた餡かけは人気の料理です。油揚げを具にしたきつねうどんを餡かけにするとたぬきうどん。玉子とじを餡かけにするとけいらんうどん。しっぽくうどんを餡かけにしたのっぺいうどんなど、京都のうどん屋さんでは、その風雅な名前もあいまって圧倒的な人気を誇っています。

これらの餡かけうどんは、出汁つゆを味わう、から一歩進んで、出汁つゆを食べるのが醍醐味です。出汁つゆという液体が、葛でとろみを付けることによって、固形に近くなり、よりいっそう出汁の味わいを愉しめるというわけです。

さらには麺にしっかりからみ、うどんの芯にまで出汁の味が染みこむのです。もしも讃岐うどんのような硬い麺だったら、麺と出汁がいったいにならないでしょう。京都のうどんがやわらかいなぞはこれで解けましたね。

自家製麺天狗

『京都御苑』の近く、河原町荒神口を北へ上った西側にある『自家製麺天狗』は、〈さざめん〉と名付けられたストレートの中華細麺と、むかしながらのうどんの二本立てで人気を博しているうどん屋さんです。

私事で恐縮ですが、かつてぼくの生家はこの店のすぐ近くにあったので、小さいころから、しょっちゅうこの店のうどんを食べていました。

「今日のお昼は天狗さんのうどんを出前してもらおか」

祖父の言葉に家族揃って拍手喝采したのも懐かしい思い出です。

子どものころによく食べたお店が次々と姿を消していくなかで、そのころよりもさらに人気店になっているのは、なんともうれしい限りです。

底冷えのする師走に通りがかって、懐かしさを覚えて店に入り、鍋焼きうどんに舌鼓を打ち、子どものころを思い出して胸を熱くしました。もちろん名乗ったりはしませんでしたし、きっと当代はそんなことをご存じないでしょうから。

そんな思い入れなどなくても、おいしいおうどん屋さんであることは間違いありません。

そのころからうどんだけでなく、中華そばもおいしかったと記憶しています。今もそうですが、うどん屋さんの中華そばはやさしい味わいで、こってりラーメンとはひと味違うのです。その進化系がこの店の〈ささめん〉です。

時分どきには行列ができるときもあるようですが、京都らしい麺を味わうには最適のお店です。

ささめん

三条 更科

餅が付く屋号のほかに、更科というお店も京都には何軒かあって、チェーン店でも暖簾分けでもないようで、それぞれ店構えも品書きも異なります。

ぼくのお奨めは『三条 更科』。三条通の小川通近くにある、むかしながらのうどん屋さんです。

河原町通から、烏丸通を越えて西洞院通くらいまでは賑やかな三条通も、小川通まで来ると観光客の姿はほとんどなく、行き交うのは地元のひとばかり、といったふうになります。

うどん屋さんへ行く前に三条通から小川通を少し北へ上ってみましょう。右手に小さなお稲荷さんが見えてきます。『正一位幾世稲荷大明神』というのが正式な社名のようですが、ご近所さんに親しまれているのでしょう。いつもきれいに整えられています。

この小さなお稲荷さんのなかにちょっとおもしろいものがあるので、のぞいてみてください。大正拾年拾壱月吉日に奉納されたおみくじ表です。

おそらく氏子さんなのでしょう、池田呉服店というお店が奉納されたようですが、一番から十二番まで中身が書いてあって、十二の札のうち七つが〈吉〉で、〈凶〉は五つもあるんです。〈凶〉率高いですね。神社にもよりますが、最近のおみくじの〈凶〉は一割以下だと聞きますから、めったに〈凶〉は引きません。

そんなおみくじ事情に思いを馳せながら『三条 更科』の暖簾をくぐります。

テーブルが二卓と待ち客用の竹床几がひとつだけという小さな店に、たいていのひとは驚きます。

そしてプラケースに入った品書きの値段を見てまた驚きます。

一番安いすうどんは三三〇円。もっとも高い上鍋焼きうどんでも七三〇円という安さなのです。

おにぎりは一個百円とコンビニより安いですし、一番高い天ぷらとじ丼でも六八〇円なのですからびっくりです。

安いからと言って手抜きではけっしてありません。ちゃんと京都らしいお出汁がきいたおうどんが出てきます。

一番のお奨めは〈上鍋焼きうどん〉。大きな天ぷらと肉が入っていて、熱々の土鍋で出てきます。あのこし抜けうどんをぐつぐつとお鍋で炊いたら、どんなにやわらかくなるかと思いきや、意外に麺がしっかりしているのは、いくらか太麺だからなのかもしれません。うどんつゆをしっかり吸い込んだ天ぷらのコロモに玉子の黄身がからむと、もうたまりません。これぞ京のおうどんです。

3　「おばんざい」の定義とは？

京料理と並んで、観光客の方に人気なのがおばんざい。京都に来たらおばんざいを食べねばとばかり、おばんざい料理の店に長い行列ができているのをよく見かけます。なかにはおばんざいバイキングなんていうお店もあって、京都人的には驚きでしかないのですが、おばんざいをおなかいっぱい食べたいと思われる方がたくさんいらっしゃるのでしょうね。

そもそもおばんざいって何なんでしょう。京料理という言葉もいささかあいまいですが、おばんざいもおなじく明確な定義はありません。言葉だけがひとり歩きをしているという点では京料理とおなじです。

「またおばんざいかぁ」

子どものころにはよくそんな愚痴を言ったものです。

油揚げと菜っ葉の炊いたん、おからの炊いたん、ひじきの炊いたん。濃いめの味付けで炊いたものはご飯が進むおかずでした。保存がきく食材で価格も安く、しかも栄養のバランスも取れていたので、よく食卓に上りました。

当然のことながら子どもにとっては、喜ばしい料理ではなく、お肉だとかのガッツリ系を食べたいと思っているのに、炊いたんが出てくると正直がっかりします。なので、今でもおばんざいを積極的に食べたいとは思わないのです。

祖母の時代はおばんざいという言葉より、〈おぞよ〉とか、〈おまわり〉が一般的でした。

〈おぞよ〉はお雑用と書いたようで、質素なおかずを意味した言葉で、〈おまわり〉というのは、順番に回ってくるという意味でした。

おばんざいの〈ばん〉は順番の番という意味ですから、おまわりとおなじです。〈ざい〉は菜ですから、おかずを意味します。つまりは定期的に順番が回ってくる、ふだんの簡素な料理のことをおばんざいと呼ぶわけです。

八の付く日には、おばんざいの典型でもある、お揚げとあらめの炊いたん、と決まった日に、決まったものを食べるという習わしが京都にはあります。

あらめはお盆の八月十六日にも炊いて、ご先祖さまの仏壇に供え、厄除けになるとされるあらめのゆで汁を門口にまき、お精霊さんがこの世に未練を残さないよう彼岸へお送りする〈追い出しあらめ〉という習わしがあります。

ふだんの月の八が付く日に食べるのは、八という数字がめでたい末広がりということから、人生によい目が出るようにと、あらめを食べるのです。月の半ばまで無事に過ごせたという理由から、十五日には少しぜいたくに小芋と棒鱈を炊いて食べることもありました。

こうして、おまわりというものは、おおむねひと月のあいだに順番に回ってきます。家庭によって多少の違いはありますが、ほかにも月初めはニシンと昆布を炊いた〈渋こぶ〉を食べるという家もあります。

「月の初めやさかい、渋ぅ節約していかんとあきまへん」

ということから始まった習慣だと言われています。

月末にはおからを使った料理を食べます。

おからは包丁で切らなくて済むので別名を〈きらず〉と言いますが、そのことから商家などでは、客足が途切れないよう、財布の中身が切れないよう、おからを食べるのだと聞いたことがあります。

こうした風習はぜいたくを戒める意味が大きく、乾物など保存がきいて、安上がりな食材を取り合わせることで始末に結び付ける目的があります。つまりは、おいしいもの、という意はおばんざいにはない、というのが大前提です。

そしてもうひとつたいせつなことは、おばんざいというのは家庭料理であって、お店で出す料理ではないということです。

ですから厳密な意味で言えば、京都でおばんざいを食べたいと思えば、知り合いのおうちに行って食べさせてもらうしか方法がない、というのがほんとうのところです。

しかしながら時代の移り変わりとともに、言葉の意味も変化せざるを得ないので、おばんざいがお店のメニューに載るようになったのです。

たしかにごちそうに飽きた口には、素朴なおばんざいのような料理をおいしく感じられ、ご飯のおかずだけでなく、お酒のアテに恰好の酒肴になったりもするのです。

「おばんざいを売りもんにしてはるお店があるんやて。それがまたえらい人気で、行列ができてるらしおっせ」

「けったいな時代になったもんやなぁ。うちの子なんかおばんざいが出てきたら泣きべそかきながら食べてたもんや」

京都のお年寄りどうしの会話はこんな感じです。

そのことを充分ご理解いただいた上で、おばんざいバイキングのお店をお訪ねください。

うたかた

先にも書きましたが、基本的におばんざいという料理は家庭で食べるもので、お店で食べるものではありません。

とは言うものの、おばんざいは京都人の暮らしの知恵が詰まった料理ですから、その伝統と歴史を途切れさせるわけにはいきません。

本来であれば祖母から母、母から娘や息子へと伝わっていくべきなのですが、核家族化が進む現代では、なかなかそうはいきません。

というわけで、おばんざいを後世に残していくための術は大きくふたつ。

ひとつはおばんざいをテーマにした料理教室。もうひとつはおばんざいを供するお店です。前者は京都住まいでなければ難しそうですが、後者なら京都旅でも大丈夫。正しいおばんざいを出す店で、お決まりのおばんざいを食べ、ときには店主に作り方などを訊ね、家庭で再現するのもいいかもしれません。

たいていは常備菜や乾物などを組み合わせて、シンプルに調理するものですから、さほど複雑なレシピではありません。ただ時間や手間ひまが掛かるものですから、お店を間違うと、安易な既製品が出てくる可能性もありますので注意が必要です。

ここなら真っ当なおばんざいを食べられるというお店を一軒ご紹介しておきましょう。

洛北は紫竹の住宅街に暖簾をあげる『うたかた』がそれです。

北山大宮の交差点を南に下り、三筋目を東に入ってすぐ、むかしながらの京町家が客を迎えてくれます。

靴を脱いで上ると、すぐテーブル席があり、その奥にカウンター席が延びています。さらにその奥には四名掛けのテーブル席がふたつありますから、思ったより大きなお店です。

お奨めは大皿や大鉢に盛られたおばんざいが並ぶカウンター席。掘りごたつ式になっているので、ゆっくりくつろいで食事を愉しめます。

にしん茄子、ひじきの炊いたん、青菜のおしたし、てっぱい、などなど。古くから京都の家庭で食べられてきたおかずを少しずつ。これに合うのはやはり日本酒でしょう。

数量限定ながら女将手作りの餃子やハンバーグなども品書きにあって、おふくろの味も愉しめます。

4 なぜ京都で食べるお肉はおいしいのか

京都のお肉はおいしい。みなさん、そう口を揃えられます。肉と言えばいろいろありますが、基本的に京都で肉と言えば牛肉です。

古い都である京都と牛肉。ミスマッチのようにも思えますが、実際に京都で食べる牛肉はおいしいと、過去の経験からしてもそう思います。

冒頭で、京都のお肉はおいしい、と書きましたが正確ではありませんね。京都のお肉ではなく、京都で食べるお肉、が正しい表現です。

ステーキ屋さんでもすき焼き屋さんでも、焼肉屋さんでも、すべての牛肉が京都産ということはほとんどありません。もちろん京都牛を扱っているお店もありますが、京都のお店で出されるのは近江牛だったり、神戸ビーフだったり松阪牛だったりするわけです。だったら、その産地で食べたほうがおいしいのではないか。そう思われる方もいらっしゃるでしょうが、不思議なことにそうとは限らないのです。なぞですね。

しかし、よく考えればお鮨もおなじですよね。

鮨ネタのなかで一番人気のマグロは、津軽海峡の大間で揚がったものが有名ですが、マグロのお鮨をもっともおいしく食べられるところとなれば、産地の大間ではなく東京の名を挙げる方が多いと思います。

江戸前鮨というぐらいですから、鮨と言えば江戸東京が本場、熟練の鮨職人も大勢おられるので、おいしいマグロの握りが食べられるというわけです。

むかしならいざ知らず、今の時代は流通事情が格段に進歩し、産地から遠く離れた地にも、新鮮な状態で食材が届くようになりましたから、東京で大間のおいしいマグロが食べられるのも当然のことなのでしょう。

加えて近年の熟成料理の人気、必ずしも新鮮さを最上としない傾向もあいまって、産地で食べなければ、という流れは消えつつあります。

こういう理由もあって、京都での牛肉人気は年々拍車がかかってきたのだと思います。

むかしから西は牛肉、東は豚肉と言われてきましたが、料理屋だけでなく家庭でも関西では牛肉をよく食べる習慣がありました。肉じゃがと言えば当然のように牛肉を使いますが、関東では豚肉のほうが一般的だったようで、それはやはり関西では牛を飼育する習慣が古くから根付いていたからでしょう。

長く禁じられていた肉食が解禁されたのは、薬食いと称して牛肉の味噌漬けを将軍家などに献上し暗黙の了解を得てきた彦根の井伊さまの力も大きかったのです。

諸説ありますが、近江牛、松阪牛、神戸ビーフを日本三大名牛とする説が知られています。地図を開いてそれぞれをマーキングすると三角形ができ、その真ん中あたりに京都があるのです。これをぼくは名牛トライアングルと呼ぶことにしました。

身近に牛肉があるのですから、それを使わない理由などありません。文明開化とほぼ同時に京都には牛肉料理店ができました。今も京都のすき焼きで人気を呼んでいる『三嶋亭』がそれです。

明治六年（一八七三年）、長崎で牛鍋の作り方を教わった初代三嶋兼吉は、京都寺町三条で『三嶋亭』を開きました。当時は出島があったせいもあり、長崎が食の先進地だったのです。今なら東京でしょうが、文明開化まなしのころは、料理人は長崎を訪れ、そこで繰り広げられていた肉料理や洋食、中華料理などの外国料理を学び、そこで得た知識と経験を生かし、故郷や都会で店を開いたわけです。

今もむかしも京都は多くが訪れる場所ですから飲食店も多く、しのぎを削る食の激戦区です。またたく間に人気を呼んだ『三嶋亭』に続けとばかり、京都の街に肉料理店が次々と店を開いたと言います。

そのなかにはビーフステーキをメイン料理にした洋食店もあり、長崎で日本初の洋食店を開いた草野丈吉の店もあったのですが、その話はまた項をあらためることにします。

こうして『三嶋亭』を嚆矢《こうし》として多くの肉料理店が明治時代からできたことで、京都は肉料理の聖地とまで称されるようになったのです。

牛肉に限ったことではなく、食材全般に言えることですが、料理というものは素材そのものの質はもちろんのこと、それを調理する料理人の腕前に大きく左右されます。

江戸前鮨の職人が腕を競い合う東京に、おいしい鮨屋がたくさんあるのとおなじく、牛肉料理を得意とする料理人が多く集まる京都が、牛肉のおいしい街として広く知られるようになったわけです。

さらに言えば、牛肉を扱いなれたお肉屋さんの存在も、京都でおいしいお肉が食べられる大きな理由です。

最近しばしば使われる言葉、熟成という概念についても、京都のお肉屋さんは早くから熟知していたように思います。子どものころにおつかいで肉屋さんに行くと、そんな知識を教えてもらったことを今も鮮明に覚えています。

ひとりしずかに京焼肉を味わう

SB新書シリーズでもたびたび書いていますが、ほんとうに京都の焼肉はおいしいと思います。なぜ京都で食べるお肉はこんなにおいしいのか。そのなぞは解けたようで、完全には解けていないのですが。

行きつけにしている焼肉屋さんはどこですか？　そう訊ねられると答えに窮します。何軒もあるからです。

京都焼肉の元祖とも呼ぶべき、『天壇』祇園本店や北山店、『焼肉弘』の各チェーン店、『ほんまもん和牛　焼肉ひらり　松ヶ崎庵』など多くの焼肉屋さんをご紹介してきましたが、これらはおもに家族揃って、ワイワイガヤガヤ言いながら食べるのが愉しいお店で、大勢で火を囲み、おいしいお肉に舌鼓を打つ焼肉屋さんです。

今回はひとり静かに京の焼肉を満喫できるお店を二軒ご紹介しましょう。

南山本店

京都で焼肉となると決まって名前があがる『南山』は『天壇』と並び、京都で家族焼肉を定着させた有名店です。『南山』という名は中国の地名で、陝西省《せんせいしょう》南部を東西によこぎる断層山脈一帯を指すそうで、お店自体は南ではなく北山地区にあります。

滋賀県の永源寺地区から移築した古民家も趣があって、近年リニューアルされた内装も落ち着きがあり、じっくり焼肉を味わうには恰好のお店です。

ひとり焼肉なら、ブッチャーの肉さばきを間近に見られるカウンター席がベストです。ランチでもディナーでも愉しめるのも『南山』ならではでしょうか。

セットメニューをはじめ部位別のグランドメニューも豊富にありますが、カウンター席なら、目の前で肉をさばいているブッチャーさんに、その日のお奨めを訊いて選ぶというのもいいです。

店の奥には個室仕様のお座敷席もあり、テーブル席もたくさんあるので、ファミリー向けのお店と思ってしまいがちですが、お鮨屋さんのように、調理人さんと肉談義しながら焼肉を食べられるお店はさほど多くありません。

北山界隈は、宝が池、京都府立植物園、京都府立陶板名画の庭など、洛北観光のスポットもたくさんある地域です。行き帰りにぜひ京都のひとり焼肉をご堪能ください。

焼肉くわはた

『南山』が万人に向くひとり焼肉のお店だとすると、『焼肉くわはた』は焼肉フリークを自認される方にお奨めしたいお店です。

以前は河原町今出川にあったのですが、今は西陣地区のど真ん中、浄福寺通の五辻通を下ったところに移転しています。

民家が建ち並ぶ界隈に、白壁と青い暖簾が二枚を目印とする店はよく目立ちます。横長の店には出入り口が二ケ所あるのです。

四人掛けのテーブル席も端っこにありますが、カウンター席がメインなので、ひとり焼肉には打ってつけのお店です。

移転前のお店で人気を呼んでいたハラミやサガリは移転後も健在。ぜひ食べてみてください。

焼肉くわはたのサガリ

狭いお店なので、スタッフとの距離が近いのも親しみが持てます。「なぜ京都の焼肉はおいしいのでしょう?」なんて訊いてみてください。どんな答えが返ってくるか愉しみですね。唯一の難点は喫煙可だということで、嫌煙家の方は充分ご注意ください。

5　京都に似合わない魚のなぞ

はて、いつのころからでしょう。やたら海鮮の文字がメニューに目立ち始めたのは。ほんの数年前までの京都では考えられなかった現象は、おそらくインバウンドがもたらしたものだろうと思います。

今や京都のランチナンバーワンとまで言われるメニュー、海鮮丼などは京都の料理とはある意味対極にあるもので、なぜそれをわざわざ京都へ来てまで食べるのか、京都人にはなぞでしかありません。

京都府の北は日本海に面していて、海なし県ではありませんが、京都の街なかは海から遠いことでしられ、それゆえ鱧や鯖など独特の魚料理が発達し、京の名物料理として広く親しまれています。

京都でお造りと言えば鯛です。今でこそ百花繚乱ですが、かつて京都の料亭や割烹では鯛一択だったと言っても過言ではありません。鯛のお造りを食べればその店の格が分かると言われるほどでした。

それゆえ明石の鯛争奪戦は熾烈を極めたと言われています。

京都を代表する料亭『京都吉兆』の主人湯木さんと、京割烹の横綱と称された『千花《ちはな》』の主人永田さんとは、ともに鯛の仕入れに店の命運をかけていたと言われています。

鯛以外では若狭グジ。一般には甘鯛と呼ばれる魚も京料理の主役級です。ひと塩あてたり昆布締めにしてお造りにすると、京都らしさが花開きます。

他の地方では一般的な、マグロ、白身、烏賊《いか》の三種盛りなどは、その凡庸さから京都の名店で見かけることはほぼありませんでした。

「お造りというもんは、切っただけの魚を料理として造るんやさかい、一にも二にも品。へたな盛り合わせは下品の極みですわ」

永田さんはそう力説されていました。今流行りの海鮮丼をご覧になれば、どれほど嘆かれたことでしょう。

もちろんこれは京都に限ったことで、港町の市場などで供される海鮮丼はその迫力を持ってして客を喜ばせるものであることは言うまでもありません。

地産地消という言葉を持ち出すまでもなく、食とその地は一体であるべきものです。そういう意味でお刺身をてんこ盛りにした海鮮丼は、京都には似合わないということなのです。ではなぜここまで急速に京都で海鮮丼人気が高まったかと言えば、先述したインバウンド客に大きな要因があります。

インバウンド客のお目当ては、寿司と和牛が両横綱だそうですが、それを手っ取り早く食べたいというニーズがあります。

たとえばお寿司も、一貫ずつではなく盛り合わせで出したほうが写真映えすると喜ばれるそうで、どうやらいろんなネタがカラフルに盛られた海鮮丼は、その延長線上にあるようです。

インバウンド向けに海鮮丼をアピールしたところ大人気となり、外国人が長い列を作る店になりました。そしてそれを見た日本人観光客がそれに続いたという図式です。

たとえ一杯のうどんであっても、お店独自の出汁つゆを競い合うのが京都のお店です。何種類ものお刺身をご飯に載せた丼が京都らしい料理だとは、とても思えないのですが。

海鮮人気は衰えを知らず、最近ではお造り定食もそのボリュームと価格を競い合っているそうです。

〈こんなにたくさんお刺身が載って、小鉢まで付いて千円以下！　みんな並んで当然だよね〉

スーパーでお刺身の盛り合わせを買ってきてご飯に載せればいいのに。そう思ってしまうのは京都人のイケズなのでしょうか。

少し前にブームとなったローストビーフ丼が典型ですが、京都にてんこ盛りは似合いません。丼からあふれんばかりに盛られた肉や刺身を〈映え〉と称する傾向は、あらゆる京都の美を壊しかねません。

侘び寂びと言う言葉があるように、抑制された美によって京都という街はその伝統を守り続けてきたのです。丼からはみ出した肉や魚が垂れ下がる姿は、京都とはまるで無縁なのですが、レンタル着物に身を包んだ若い女性たちが、嬉々として写真を撮っているのですから、真っ当な京都人は思わず目をそむけたくなります。

京都に似合う魚を堪能する

京都に似合う魚を味わうお店を何軒かご紹介しましょう。

もちろん季節によりますが、京都の魚と言えば、鯖街道を通って運ばれてくる、若狭の鯖やグジ。初夏から晩夏に掛けての鮎。夏から秋に掛けての鱧。これらなくして京都の魚は語ることができません。

鮎を除けば、これらは必ずしも、漁港の市場でピチピチ跳ねるような新鮮さを売りにしているのではなく、むしろ寝かせることで旨みを増すというのが特徴です。先に書いた海鮮丼のような料理なら港町へ行けば、より鮮度のいい魚が安く食べられるのでは、と思っています。

鯖は棒寿司や味噌煮、グジは酒蒸しや塩焼き、鮎は塩焼き、鱧はしゃぶしゃぶや付け焼き、棒寿司などの料理が一般的で、それぞれ得意とする店が何軒もあります。

行列店や有名店のものが必ずおいしいとは限りません。京都人御用達か、自らの舌を頼りに捜しあてるしかありません。

なによりたいせつなのは、自分の好みに合うかどうかです。鯖寿司などは背の青い身と腹身の割合や、鯖の〆加減、寿司飯の味付けなど、お店によって千差万別で、どれがいいとか悪いとかではなく、あくまで自分の舌に合うかどうか、で判断したいものです。

有名無名合わせて多くの割烹や居酒屋さんで食べられる鯖寿司ですが、テークアウトでお奨めしたいのは『近幸《きんこう》』というお魚屋さんのそれです。

五条大橋の東のたもと。五条通の北側にあるお魚屋さんは新鮮な魚介を商っていて、お惣菜やお寿司、お弁当も人気のお店です。観光客向けというより、地元のお客さんが足繁く通う『近幸』さんでは予約をすれば鯖寿司を作ってくれます。

近幸の鯖寿司

鯖寿司で著名なお店に負けず劣らずの内容で、価格は格安なのでホテルに持ち帰ったり、帰りの新幹線のなかで食べたりするのに最適です。ぜひ覚えておいてください。

鮎もしかり。大きさによって焼き方も異なりますし、塩のあて加減によっても大きく味が変わります。有名どころとしては、貴船の川床店で必ずと言っていいほど出される焼鮎。

いくらか大ぶりの鮎に化粧塩をし、盆や皿に塩で清流を描き、その流れを泳ぐように焼鮎が飾られます。ヒレや尻尾が焦げないようにたっぷり塩をまぶし、やや浅めに焼き上げるのが特徴です。焼き立てならスッと骨が抜けますが、時間が経った鮎だと骨を抜くのに難渋します。

いっぽうで最近の割烹屋さんでは、小ぶりの鮎に薄塩をあてて頭からじっくり焼き、そのままかぶりつくのが主流になってきました。焦げる寸前まで鮎から染み出る脂でいぶし焼きにするので、川魚独特の臭みが抜け、芳ばしい味わいを愉しめるのです。

こんな鮎を食べるなら本書でご紹介している『割烹しなとみ』のほかに『おひとりからのひみつの京都』（SB新書）でご紹介した八条口『燕en』をお奨めします。

グジも季節になると多くの割烹や居酒屋の品書きに登場しますが、一番のお奨めは『歩いて愉しむ京都の名所』（SB新書）でご紹介した『西角《さいかく》』がベストです。鯖街道の終点にあたる出町桝形商店街にお店がありますから、若狭とも縁が深く、グジはお店の名物料理となっています。

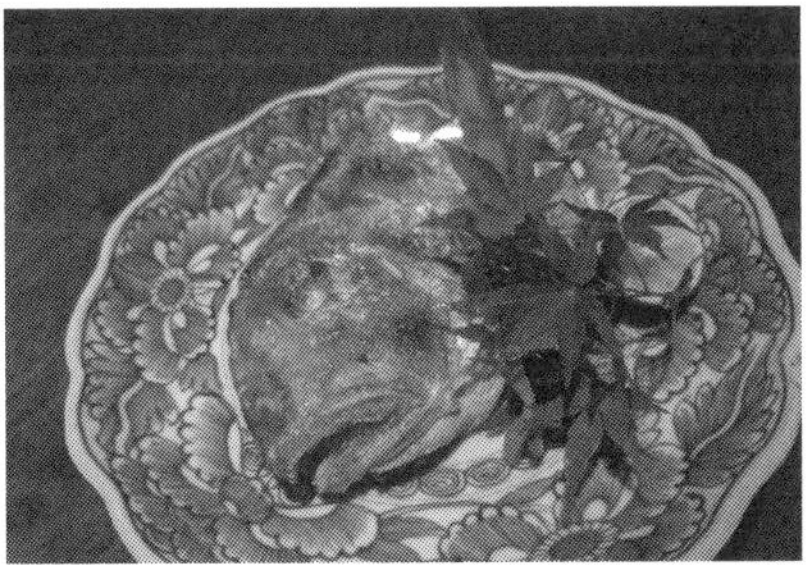
グジの塩焼き

さて鱧となるとお店の選択肢はあまりに多すぎて絞り込むのが難しいほどです。本書や本シリーズでお奨めしている割烹や居酒屋、和食屋さんなら夏場はどこでも食べられると言っていいかと思います。

王道でいくなら鱧の落とし、牡丹鱧のお椀や鱧寿司。変化球なら鱧しゃぶや鱧カツなど。鱧料理のバリエーションは豊富なのでいろんな料理をお試しください。

鱧料理でひとつ注意が必要なのは時季です。

日本三大祭りのひとつである祇園祭が行われる七月中、

とりわけ山鉾巡行や宵山の期間は鱧が高騰します。祇園祭は別名を鱧祭と呼ぶほど、都人にとって切っても切れない関係にあるので需要が高くなり、連れて価格も上がります。

梅雨の雨を吸って鱧はおいしくなる、とも、秋口の鱧が一番おいしい、とも言われますので、七月中旬をはずして鱧を愉しむのもお奨めです。

6 京都人はほんとうに「からしソバ」がお好き？

地方独特の食にスポットをあてるテレビ番組や、雑誌のグルメ特集が最近目に付きます。場所によっては県民食と言ったり、その地のソウルフードと言ってみたり、他府県民が知らないという点を強調するのもこういう番組などの特徴です。

街かどでインタビュアーが、

「〇〇って、ほかの地方では食べられていないんですよ」と言うと、

「ええ？　ほんとですか？　日本中どこでも食べているものだと思っていました」

と大げさに驚いてみせるのもお決まりのパターンです。

「よくお食べになるんですか？」

「さっき食べたばっかりです。週に三回は食べますね」

最近は素人さんも期待通りのコメントをします。言わされているのかもしれませんが。

当該地方のひとは、

「そんなわけないだろう。大げさな」

とツッコミを入れながらテレビを観ていますが、他府県のひとはそのまま信じてしまう

のです。

京都は人気観光地ですから、こういう番組の恰好の標的になるせいで、ひんぱんに京都府民食なるものがとりあげられます。

最近では〈からしソバ〉。番組によると京都府民はこれをしょっちゅう食べているそうですが、ぼくが〈からしソバ〉を店で最後に食べたのは五年ほども前のことです。

たしかに〈からしソバ〉という料理は京都の一部の中華屋さん独特の料理で、ほかではあまり見かけません。

〈からしソバ〉とは、中華麺を茹でるか焼くかして、鶏肉やレタスが入った中華餡を掛けた料理ですが、その餡のなかに辛子が潜んでいて、ツーンと来る辛さが特徴です。お店によっては麺に辛子や辛子酢醬油を和えておくこともあり、より辛さを愉しめるというわけです。

〈撈麺〉と書いて、〈ロウメン〉と読むのが正式な料理名だったように思います。

京都の中華屋さんならどこでも食べられるというメニューではなく、俗に京都中華と呼ばれる、むかしながらの一部の系列の中華屋さんだけで食べられる麺料理です。

京都中華のはじまりと言われているのは、大正十三年に祇園で創業した〈支那料理ハマムラ〉ですが、その店の料理長だった高華吉さんが、祇園町にも溶けこむようにと、京都ふうにアレンジした中華料理を考案したことから、京都中華という独特の料理ジャンルができたのです。

そののち、高さんや高さんの薫陶を受けたお弟子さんたちが、京都の街のあちこちで中華料理店を開きました。

『飛雲』、『第一楼』、『平安楼』、『大三元』など、少しずつ記憶は薄れていきますが、子どものころからよく通った中華屋さんは、あっさりした中華料理で、どちらかと言えば和食に近い味わいだったことを懐かしく思い出します。

高さんが晩年に集大成的なお店として、北区の紫明通に開いたのが『鳳舞』で、京都の中華屋さんの代表的存在で、一世を風靡したお店でもありました。

その『鳳舞』も惜しまれながら先年店仕舞いをし、系列店が今も京都中華の伝統を受け継ぎ、京都中華というジャンルを守っているというわけです。

鳳舞系と呼ばれるそれらのお店で隠れた人気を呼んでいたのが〈からしソバ〉ですから、食べられるお店は限られていて、京都府民食とはとても呼べない料理なのですが、メディアの圧力でまつり上げられてしまいました。

真の京都中華に舌鼓を打つ

鳳舞系で人気なのは、河原町二条上るの『鳳泉』、堀川北大路上るの『鳳飛』、最近烏丸今出川下るに移転した『鳳舞楼』あたりでしょうか。どこも時分どきには待ち時間が出る人気店です。

〈からしソバ〉ばかりに注目が集まっていますが、京都中華で特徴的なメニューと言えば、中国クワイが入った焼売、玉子を使った皮の玉子春巻もぜひ味わっておきたい逸品です。

そんな京都中華が味わえるお店はほかにも何軒かあります。

祇園の新橋通を花見小路通から少し西に入ったあたりにお店を構える『竹香《たけか》』は場所柄もよく、京都らしい落ち着いた佇まいのお店でゆったりと京都中華を堪能できます。

四条河原町を三筋下って東に入ったところにある『芙蓉園』は気楽な店構えながら、京都中華の王道を歩み続けるお店で、手軽なランチセットもあるのがありがたいです。

それにしても高さんはすごいひとですね。中国料理のなかの広東料理に着目して、京都ふうにアレンジしてしまう。それも百年近くも前のことだと言いますから、ただただ驚くばかりです。

祇園町には舞妓さんや芸妓さんといった花街で働くひとが大勢いますから、若い女性でも大口を開けることなく、香辛料を控えめに使った料理を気兼ねなく食べられるように工夫をしたわけです。そしてそれがちゃんと引き継がれ、令和の時代になっても健在どころか、ますます人気に拍車が掛かっているのです。

京都中華のなぞ。それは京都の食全般のなぞでもあって、外来の料理を京都流にアレンジし、その伝統を守りながらも少しずつ進化させていく。これこそが京都という街が持つ底力なのでしょう。たかが食。されど食。たかが京都。されど京都。なぞは解けたでしょうか。

竹香の春巻

7　京とうふはなぜおいしいのか

京都にはさまざまな名物があり、頭に〈京〉を冠する食がたくさんあります。代表的なものと言えば京豆腐でしょうか。

日本全国、どこにでもある豆腐ですが、その地その地によって、味わいや舌触り、テクスチャーが異なります。

優劣というより個性を競い合うのが豆腐の特性ですが、京豆腐と呼ばれるものは、一般的に滑らかな舌触りで、豆そのものの風味をシンプルに味わうのが特徴とされているようです。

京都のスーパーマーケットやデパ地下の食品売り場にはいくつもの京豆腐が並んでいますが、厳密な定義はないように見受けます。ところが〈京とうふ〉となると、決まりがあるようで、

――国産大豆を100％使用するとともに、豆乳濃度13 brx 以上に限定することにより、大豆本来の旨みを引き出した豆腐を認定。作り手の技が感じられる、味にこだわった豆腐です。――

と定義しているのは、一般社団法人京都府食品産業協会（京ブランド食品）というところです。京都吟味百選というホームページから引用しました。

国産大豆と原材料は限定していますが、京都産の大豆とは書いてありませんし、京都で作っているとも明記してありません。なんとなくあいまいなあたりが、京都らしいところでしょうか。

気になるのはbrxですが、おそらくはBrixの誤記ではないかと思います。果物などの糖度を表す数値で、豆腐作りにおいて豆乳濃度を表す基準として使われているようです。大豆の固形成分が豆乳中にどれくらいかを計り、Brix値が低い豆乳は液体成分が多いのでサラサラ、Brix値が高すぎるとドロドロになるそうです。

なんとなく京豆腐と聞くと、京都で作っている豆腐に限定していると思いがちですが、どうもそうではないようで、条件を満たしていれば他府県産の京豆腐もあり得るのでしょう。

京湯葉も同様で、京都産に限定しているようではありませんが、なーんだ、とがっかりするのはまだ早いです。

量産品はさておき、京都の街で長く商いを続けている豆腐屋さんや湯葉屋さんは、必ずと言っていいほど、共通した原材料を使っています。

それが京の水です。

あれこれと定義するまでもなく、京都の水を使って作れば京豆腐や京湯葉になるのです。

もちろん豆腐や湯葉だけではありません。頭に〈京〉が付く食品の多くがブランド産品として格付けされるのは、水の力だと言っても過言ではないのです。

本章の冒頭に書いた京料理をはじめとして、京野菜や京漬物、京菓子などは京都の水を使うことでその味わいを増すのです。

古くから京の都は、水に強いこだわりを持って来ました。そもそも平安京が定められたのも、京都盆地の地中深くに巨大な水がめがあり、水に事欠くことがないというのも大きな要因だったと言います。

京都盆地の地中深くには、琵琶湖の水量に匹敵する水がめがあるというのは、どうやら事実のようです。それは浅い地中から湧き出る地下水とはまた別だと言いますから、京都の地下には二段構えで水が蓄えられていることになります。

加えて三方を山で囲まれた京都盆地には、東、北、西の山々に降った雨水が土で濾過されて湧き出るのですから、まさに京都は水でできた街なのです。

それで充分だとなるはずですが、盤石を望む都人は琵琶湖疏水を通じて、琵琶湖の水をも引っ張ってくることにしたのです。

京都人の水に対する執念はとどまるところを知らないようです。

かくして潤沢な水を利用することで京都の食は発展を遂げて来たわけです。

「保健所の検査は厳しいなりましたけど、おかげさんでうちの料理は庭の井戸水を使わせてもろてます。よそからうちの店に修業に来た子らは、みなびっくりします。魔法の水やて言うてね。出汁を引いたら、水道水との違いがいっぺんに分かりますわ」

とある洛中の割烹のご主人はそう言いますが、いっぽうで京豆腐を代表する豆腐屋『とようけ屋山本』のご主人は水道水で充分だと言います。

「浄水器は通してますけど、水質も水温も安定してますし、安心して京都の水道水を使うて豆腐を作ってます」

たしかに京都の水道水はおいしいと思います。うちも浄水器を付けてはいますが、間違って原水を飲んでもさほどの違和感はありませんし、塩素臭さもありません。

京都の水道水は九十九パーセントが琵琶湖疏水から引いた水ですが、一パーセントは桂川の水や地下水を使っているそうです。たかが一パーセントとは言え、やはり京都の水を使っているので、おいしい食の源になっているのではないでしょうか。

京の名水を味わう

街なかのあちこちに名水が湧き出ていて、誰でも自由に飲めるのはありがたいことです。

染井、醒々井《さめがい》、縣井《あがたい》と、かつては京都三名水と呼ばれる井がありましたが、今は『梨木《なしのき》神社』の境内に湧き出る染井だけとなってしまいました。

その代わりと言ってはなんですが、以前は飲用不可だった湧水が濾過器を通すことなどによって、飲めるようになったところもあります。

『上賀茂神社』の細殿の裏手にある手水舎では〈神山湧水〉と名付けられた水が使われていて、神社のご神体にあたる神山のくぐり水を汲み上げているそうです。

飲んでみると澄んだまろやかな味わいがして、すーっと喉を滑っていきます。

この〈神山湧水〉は、境内にあるお休み処『神山湧水珈琲｜煎』でも使われていて、オリジナルのコーヒーを愉しむことができます。

京都三名水のひとつである〈染井〉は今も健在で、寺町通から『梨木神社』の境内に入ってすぐの手水舎に湧き出ています。

気になるのは代金ですね。自然に湧出しているとはいえ、神社の敷地内ですからタダで持ち帰るのは気が引けます。そこで手水舎に掲げられている札にしたがい、備え付けられたさい銭箱に百円を納めます。札には一回五リットルを目安に百円と書かれています。

この札がなかったころは、いくつもの大きなポリタンクに水を汲んで帰るひとがいましたが、札のあるなしにかかわらず節度は守りたいものです。

『梨木神社』から寺町通を下り、丸太町通を越えてしばらく進んだ左手に見えてくるのが『下御霊神社』。京都御苑のすぐ南側にあたります。

『相国寺』近くに建つ『御霊神社』を上御霊、こちらを下御霊と呼ぶように、どちらも八所御霊を祀っていますが、いくらか異なる点もあり、神社のありかたとしても微妙に違うようです。

ではありますが、五月十八日を祭禮とし、近隣の崇拝をあつめているのはまったくおなじです。『御霊神社』と『下御霊神社』は、京都御所の南北に位置しているのも興味深いところです。上と下から帝を守り続けてきたのでしょう。

荒廃した時期もありましたが、今ではよく整備され、名水も復活しました。

神門をくぐって左手にある手水舎で飲めるのが〈御霊水〉。京都御所の地下水を汲み上げた井戸水は、かすかな甘みを感じるまろやかな水です。

かつてこの神社の境内には〈感応水〉という井戸水があったのですが、どうやら涸れてしまったようで、それとおなじ水脈の井戸水を復活させたのだそうです。

京都御所の西側にも名水があります。

京都三名水のひとつであり、今は涸れてしまった〈縣井〉の井戸は京都御苑の北西のほうにあるのですが、その南のほうに建つ『菅原院天満宮神社』の境内でも名水を飲むことができます。

第一章の〈天満宮のなぞ〉でもご紹介した天神さんですが、この神社には道真公が産湯に使ったという井戸、〈菅公初湯井〉があり、そのお水を飲める給水所には蛇口が設えられています。

人の暮らしに水は欠くことができません。京に都がおかれ、御所が定められたのも潤沢な水が得られると分かっていたからでしょう。京都御所の周りにはたくさんの名水が今も湧き出ています。もちろんここだけではありません。京都の市内にはあちこちに名水があり、ただ飲むだけではなく、食品作りや料理に使われています。

京都は水でできている。長く京都で暮らしているとそう実感する機会が少なくありません。ここにあげた名水だけでなく、京の名水として知られている井を訪ね、それを味わうことで、京の町がくっきりと浮かび上がってくるだろうと思います。

本書に登場する神社仏閣・店・名勝地リスト

＊営業時間・定休日等につきましては、2024年5月時点のものです。ご利用前にご自身でご確認ください。

第一章

1 なぜ東寺はあるのに西寺はないのか

教王護国寺（東寺）
京都市南区九条町1
075－691－3325

ル・ブラン
京都市南区西九条比永城町60－2
075－661－3934
11時半～14時／17時～21時半
休 火曜日

ミスター・ギョーザ
京都市南区唐橋高田町42
075－691－1991
11時半～20時半
休 木曜日

2 若一神社のなぞを解く

若一神社
京都市下京区七条御所ノ内本町98
075－313－8928

湯浅　金月堂
京都市下京区西七条南東野町179－6
075－313－8271

村上食堂
京都市下京区西七条北東野町95
075－313－5523
【平日】5時～20時
【祝日】7時半～14時
休 日曜日

3 なぜ本願寺はふたつあるのか

西本願寺
京都市下京区堀川通花屋町下る本願寺門前町
075－371－5181

東本願寺
京都市下京区烏丸通七条上る
075－371－9210

ケーキのクロバー
京都市下京区上ノ口通河原町西入唐物町446－2
075－343－1241
10時半～18時半
休 日曜日

4 なぜ五重塔は「五重」なのか

醍醐寺
京都市伏見区醍醐東大路町22
075－571－0002

仁和寺
京都市右京区御室大内33
075－461－1155

法観寺
京都市東山区八坂鳥居前下河原町東入る

075-551-2417

東寺餅

京都市南区東寺東門前町88
075-671-7639
7時~19時
休 毎月6・16・26日（土曜日・日曜日・祝日は営業）

笑福亭

京都市右京区谷口垣ノ内町8
075-461-4852
11時~18時
休 水曜日

笹屋昌園

京都市右京区谷口園町3-11
075-461-0338
11時~17時
休 不定休

5 清水寺のなぞ

清水寺

京都市東山区清水1-294
075-551-1234

鐘園亭

京都市東山区清水4-171
075-541-0884
11時~15時／17時~21時
休 不定休

力餅食堂加藤商店

京都市東山区清水5-120
075-561-5434
11時~20時
休 日曜日

6 知恩院のなぞ

知恩院

京都市東山区林下町400
075-531-2111

一澤信三郎帆布

京都市東山区東大路通古門前上る高畑町602
075-541-0436

食堂はやし

京都市東山区東大路三条下る北木之元町523
075-561-1530

11時~15時／17時~21時半
休 日曜日

7 なぜ天満宮には牛がいるのか

北野天満宮

京都市上京区馬喰町
075-461-0005

菅大臣神社（菅大臣天満宮）

京都市下京区仏光寺通新町西入菅大臣町
075-351-6389

北菅大臣神社

京都市下京区仏光寺通新町西入北側菅大臣町190
075-351-6389

菅原院天満宮神社

京都市上京区烏丸通下立売下る堀松町408

文子《あやこ》天満宮

京都市下京区間之町通花屋町下る天神町400
075-361-0996

お酒とお料理　おまち
京都市上京区三軒町65－32北野ハイツ1F
12時〜21時半
日曜日／不定休

茶の間
京都市上京区西鷹司町14
075－441－7615
7時半〜17時（土のみ　9時半オープン）
不定休
※カレー等のフードメニューは11時から

第二章

1　なぜ左京が右、右京が左なのか

鮨かわの
京都市左京区下鴨東半木町72－8
075－701－4867
12時〜14時※火曜日はランチ営業なし
17時半〜22時
月曜日

鮎茶屋　平野屋
京都市右京区嵯峨鳥居本仙翁町16
075－861－0359
11時半〜21時

2　一条戻橋と堀川のなぞ

一条戻橋
京都市上京区堀川下之町

清明神社
京都市上京区堀川通一条上る晴明町806
075－441－6460

河村食堂
京都市上京区小川通元誓願寺下る靭屋町499－23
075－200－5578
11時〜15時半
日曜日／不定休

御菓子司　塩芳軒
京都市上京区黒門通中立売上る飛騨殿町180
075－441－0803
9時〜17時半

日曜日／祝日／月1回水曜日

3　京都の交差点名に法則はあるのか？

元町ラーメン
京都市中京区東洞院通錦小路下る坂東屋町664－27
075－221－3910
12時〜15時／18時〜23時半
日曜日

ZENBI
京都市東山区祇園町南側570－107
075－561－2875
10時〜18時
月曜日（祝休日の場合は翌平日）／年末年始／展示替期間

4　万寿寺通の「万寿寺」はどんな寺？

相国寺
京都市上京区今出川通烏丸東入
075－231－0301

吉長亭
京都市下京区西洞院通松原上る高辻西洞院町815

075-351-7802
11時半〜14時／17時〜19時
休 土・日・祝・水曜夜

カフェ・キューブ
京都市左京区岡崎最勝寺町6-3
075-751-8606
10時半〜17時
休 月曜日（祝日の場合は翌日）／展示替期間／年末年始

カフェ・ド・ゴマルゴ
京都市左京区岡崎円勝寺町　京都国立近代美術館
075-771-5086
10時〜18時
休 月曜日（祝日の場合は翌日）

相国寺東門　田舎亭
京都市上京区寺町通今出川上る2丁目西入毘沙門町436
075-231-6606
11時半〜15時／18時〜20時
※水曜日はランチのみ
休 木曜日

5 なぜ京都には不思議な地名が多いのか

五條天神社
京都市下京区松原通西洞院西入天神前351-2
075-351-7021

西院春日神社
京都市右京区西院春日町61
075-312-0474

とんかつ&ステーキ岡田
京都市中京区西ノ京南円町34
075-802-4839
11時半〜14時／17時〜20時半
休 火曜日

6 なぜ京都には難読地名が多いのか

木嶋坐天照御魂神社（蚕ノ社）
京都市右京区太秦森ヶ東町50
075-861-2074

開花《かいほう》
京都市右京区太秦西蜂岡町9-99
075-881-9320
11時〜14時／17時〜21時

蛇塚古墳
京都市右京区太秦面影町
075-222-3130（京都市文化財保護課）
※石室内の見学は予約が必要

休 日曜日／祝日

第三章

1 京都人は本当にイケズなのか？

coffee grill 富久屋
京都市東山区宮川筋5-341
075-561-2980
12時〜21時
休 木曜日／第3水曜日

うまいもんや　こむ
京都市左京区下鴨前萩町5-7 ガトー北山2F
075-791-5533
11時〜14時／17時〜22時

2 鬼門除けのなぞ

京都御苑
京都市上京区京都御苑3
075-211-6364

幸《さいのかみの》神社《やしろ》
京都市上京区寺町通今出川上る西入幸神町303
075-231-8774

赤山《せきざん》禅院
京都市左京区修学院開根坊町18
075-701-5181

KIFUNE BAKERY
京都市北区紫竹西北町25-7
075-468-1522
7時~18時
休 火曜日/水曜日/木曜日

3 鍾馗さんと鬼瓦のなぞを解く

薬師院
京都市中京区釜座通二条上る大黒町694
075-211-1890

薬祖神祠《やくそじんし》
京都市中京区東玉屋町

4 なぜ京言葉は独特の言い回しが多いのか

上七軒　ふた葉
京都市上京区今出川通り七本松西入る真盛町719
075-461-4573
11時~17時
休 水曜日

5 祇園祭はなぜ日本を代表する祭になったのか

うらやま京色
京都市中京区錦川路通烏丸西入占出山町310-20
075-744-0160
17時~23時
休 日曜日※ランチは平日のみ

東華菜館
京都市下京区四条大橋西詰
075-221-1147
11時半~21時半

6 紫式部ゆかりの地のなぞを解く

千本ゑんま堂(引接寺《いんじょうじ》)
京都市上京区千本通蘆山寺之内上る閻魔前町34
075-462-3332

蘆山寺《ろさんじ》
京都市上京区寺町通広小路上る北ノ辺町397
075-231-0355

夕顔之墳
下京区堺町通松原上る西側

喫茶翡翠《ひすい》
京都市北区紫野西御所田町41-2
075-491-1021
9時~21時(土・日曜日は20時まで)

7 街かどのお地蔵さんのなぞを解く

御霊神社
京都市上京区上御霊前通烏丸東入上御霊竪町495

075-441-2260

水田玉雲堂
京都市上京区上御霊前町394
075-441-2605
10時～17時
日曜日／祝日

第四章

1 京料理の定義とは？

御料理だんじ
京都市北区紫野雲林院町22
075-431-2052
17時半～22時
月曜日

割烹しなとみ
京都市上京区信富町315-4
075-366-4736
17時半～22時
水曜日／月2回不定休有

2 京都のうどんはなぜ「コシ抜け」なのか

自家製麺天狗
京都市上京区河原町通荒神口上る宮垣町80
075-231-1089
11時半～14時／17時半～19時半
※祝日はお昼のみ
日曜日

三条 更科
京都市中京区三条通油小路東入塩屋町39
075-221-2776
10時～18時半
日曜日

3 「おばんざい」の定義とは？

うたかた
京都市北区紫竹西桃ノ本町53
075-495-3344
17時半～23時
不定休

4 なぜ京都で食べるお肉はおいしいのか

南山本店
京都市左京区下鴨北野々神町31 北山通ノートルダム小前
075-722-4131
11時～15時半／17時～21時半（土日祝は～22時）

焼肉くわはた
京都市上京区五辻通浄福寺東入一色町8-5
075-431-7222
18時～23時
月曜日／不定休あり

5 京都に似合わない魚のなぞ

近幸
京都市東山区五条通大橋東入東橋詰町1
075-561-4438
10時～19時
※弁当の販売は11:00～売り切れ次第終了
水曜日／日曜日／祝日

燕 en
京都市南区東九条西山王町15-2

075-691-8155
17時半〜23時
休 日曜日

西角

京都市上京区今出川通河原町西入ル三芳町134
075-241-1571
17時〜21時
休 水曜日／第3火曜日

6 京都人はほんとうに「からしソバ」がお好き？

竹香《たけか》

京都市東山区新橋通花見小路西入る橋本町390
075-561-1209
17時〜21時
休 火曜日

芙蓉園

京都市下京区市之町240
075-351-2249
17時半〜21時
土・日・祝日のみランチ2部制
※平日のランチ営業なし

12時〜13時　ファーストオーダーのみ
途中入店不可
13時10分〜14時
休 火曜日／水曜日

7 京とうふはなぜおいしいのか

神山湧水珈琲｜煎

京都市北区上賀茂本山339
上賀茂神社境内
075-781-0011
10時〜16時

梨木神社

京都市上京区染殿町680
075-211-0885

写真協力
フネカワフネオphoto53.com
photoAC
inariage.com

著者略歴

柏井 壽（かしわい・ひさし）

1952年京都府生まれ。大阪歯科大学卒業後、京都で歯科医院を開業するかたわら、京都の魅力を伝えるエッセイや各地の旅行記、京都を舞台とした小説を執筆。テレビ・雑誌で京都特集の監修を務めるなど、「京都のカリスマ案内人」とも称されている。小説にテレビ化もされた「鴨川食堂」シリーズほか、「京都下鴨なぞとき写真帖」シリーズ、『祇園白川 小堀商店 レシピ買います』『海近旅館』など。エッセイに『京都の定番』『極みの京都』『おひとりからのひみつの京都』『おひとりからのしずかな京都』などがある。

SB新書　661
京都《きょうと》なぞとき散歩《さんぽ》

2024年7月15日　初版第1刷発行

著　　者　柏井 壽《かしわい ひさし》
発 行 者　出井貴完
発 行 所　SBクリエイティブ株式会社
〒105-0001　東京都港区虎ノ門2-2-1
装　　幀　杉山健太郎
本文デザイン　荒井雅美（トモエキコウ）
D　T　P　株式会社キャップス
編集担当　齋藤舞夕
印刷・製本　中央精版印刷株式会社

本書をお読みになったご意見・ご感想を下記URL、
または左記QRコードよりお寄せください。
https://isbn2.sbcr.jp/25399/

落丁本、乱丁本は小社営業部にてお取り替えいたします。定価はカバーに記載されております。
本書の内容に関するご質問等は、小社学芸書籍編集部まで必ず書面にて
ご連絡いただきますようお願いいたします。

ISBN　978-4-8156-2539-9